人类假如想要看到自己的渺小

无需仰望繁星闪烁的苍穹

只要看一看在我们之前就存在过，繁荣过

而且已经消亡了的古代文明就足够了

《话说中国》编委会

主　编／翟文明

副主编／黎　娜　　　刘　琳

编　委／陈焕钺　　　陈荣赋　　　淡　霞　　　段桂华

　　　　龚雪莲　　　宋小威　　　童小珍　　　王小彬

　　　　肖玲玲　　　徐胜华　　　喻　娟　　　周　轶

话说中国

考古 **HUASHUOZHONGGUO**

翟文明/编著

北京联合出版公司

前言 PREFACE

　　中华民族有着五千年源远流长的文明史，无论翻开哪一页，光辉灿烂的文明成果无不让我们感到骄傲和自豪。英国著名科学史家贝尔纳曾说过："中国在许多世纪以来，一直是人类文明与科学的巨大中心之一。"中华民族数千年累积起来的灿烂文化，已成为我们取之不尽的思想宝库，对于我们民族精神与文化性格的塑造，都有着不可估量的现实意义。只有了解历史，才能更好地把握现在，创造未来；只有借鉴历史，才能更好地完善自己，充实人生；只有反思历史，才能更好地认清方向，造福社会。

　　为了让读者全面深入地了解中华文明的光辉灿烂，感悟中华民族文化内涵的博大精深，我们组织十余位专家学者经过多年的努力，推出了这一套融故事体的文本阅读、丰富精彩的图片鉴赏、便捷实用的检索功能于一体的16卷本《话说中国》系列丛书。本丛书包括历史卷（上下）、文学卷、绘画卷、书法卷、地理卷、山川卷、国宝卷、考古卷、佛教卷、道教卷、服饰卷、民俗卷、建筑卷、园林卷和文物卷，每一卷都系统而深入地展示中国文化的一个方面，16卷本又在总体上构成一个完整的文化知识体系，将中国历史从单纯的帝王将相、改朝换代的框架中释放出来，结合最新的研究成果，全方位、新视角、多层面地重新演绎中华五千年辉煌历史文化。同时，本套丛书还在各卷本中穿插了若干知识链接和小栏目，以增强读本的知识性与趣味性，给读者尽可能丰富的知识看点。

　　为了更好地展示中华文明的伟大与辉煌，我们在编辑体例上采用了图文互注的形式。在查阅大量历史文献资料的基础上，精选了6000多幅精美的图片，包括遗址复原图、文物照片、名人画像、山川风光、社会情景图以及各种图表等，或是文本内容的画面直观反映和延伸，或是文本内容的背景补充，图文联袂，相得益彰，立体凸现中国文化各个方面的深厚历史底蕴，充分照顾了现代读者的阅读口味，使读者获得持续愉悦的审美享受和潜移默化的精神熏陶。

　　历史作为人类既往行进、发展的记录，原本就是多元多面、错综复杂的。本丛书为了适应快节奏的时代步伐，力求在有限的篇幅中增强信息量，避免阅读时的沉滞感，通过流畅生动的文字、科学简明的体例、丰富精美的图片和简洁大方的版式设计等多种视觉要素的有机结合，让事实说话，以实物为证，还原历史真相，将中国历史文化立体、全息地展现在读者面前，使读者在轻松的阅读氛围中，以新视角、新层面看见历史，感受历史，思考历史。

目录
CONTENT

北京 河北地区

"北京人"的发现

周口店猿人遗址

1914年，被北洋政府聘为"矿政顾问"的瑞典地质学家、考古学家安特生来到中国。他到中国后不久，就招募了一批技工，教授简单的化石知识之后，便吩咐他们到华北各地去寻找化石。几年后，终于传出了结果，一份来自北京西南周口店的考察报告，引起了安特生特别的注意。

震惊世界的头盖骨

1921年春，安特生和奥地利古生物学家斯丹斯基出现在了周口店。在当地老乡的指引下，他们来到被当地人称作"龙骨山"的北坡进行考察。安特生发现，在一大堆动物化石中有一些白色带刃的脉石英碎片，这些锋利的刃口，会不会是用来切割野兽肉的呢？他对身边的人说："我有一种预感，中国人祖先的遗骸就在这里，现在惟一的问题就是去找到它。"

两年以后斯丹斯基开始了小规模的发掘。1926年，一枚保存状态极佳的古人牙齿被发现了，加拿大籍解剖学家步达生对此进行了仔细研究，并提出了一个古人类新种属，即"北京人"。

然而这一说法立刻引起了国际上许多人类学权威的质疑，他们认为，仅凭牙齿化石就建立新的人类属种是无法令人信服的。在步达生的努力下，美国洛克菲勒基金会答应出资2.4万美元赞助周口店的发掘工作。步达生与中国地质调查所所长翁文灏取得联系，希望能与中国方面合作发掘周口店，双方一拍即合，并达成协议：采集到的一切标本最终归中国所有。

北京人复原模型
此图是根据历年所出土的北京人遗骨化石，经过科学研究复原的模型。

北京人头盖骨

旧石器时代早期　距今约50万年

1927年北京市房山县周口店第一地点出土

这是修复后的第一件北京人头盖骨化石的正面和背面，第二次世界大战时，不知去向。

联合考古队组成了，他们花了4500美元，从当地的鸿丰灰煤场买下周口店这座山场。考古工作开始了，但挖掘只在春秋两季进行，因为夏天雨水多，发掘现场泥泞不堪，冬季地层冻得坚硬，发掘时会破坏化石。

1928年，刚从北京大学地质系毕业的裴文中来到了这里。1929年末的一天，就在准备收工的时候，他发现在主洞与裂隙交叉的地方有一个洞。在洞外工友的牵引下，裴文中沿着洞壁徐徐滑下，他点燃马灯，在微弱的光线下仔细寻找。突然，洞里传出裴文中狂喜的声音：这是什么？是头盖骨！

这一天是1929年12月2日，第一个"北京人"头盖骨被发现了，沉睡地下几十万年的北京猿人化石在周口店被挖掘出来了！这一爆炸性新闻和裴文中的名字以最快的速度从北京传遍了世界，国际学术界生动地称它为"古人类全部历史中最有意义、最为动人的发现"！

1931年，23岁的贾兰坡来到周口店。两年后，裴文中离开周口店赴法国学习古人类学。两年后，贾兰坡开始主持周口店的挖掘工作。当时因为找不到化石，许多人耐不住性子撤离了周口店，但贾兰坡仍不懈地坚持着。

转眼就到了1936年，然而周口店的挖

龙骨山洞穴

北京市房山区周口店原始遗址是指人类有文字记载以前的人类遗址，包括人类化石、原始部落遗址、原始人生产和生活器具、原始艺术及劳动产品等。这些遗迹和遗物距今时代久远，反映了人类起源的某些独特性质，因而成为现代人们探索、研究人类生命的起源和发展，人类社会的发展及演变的重要实证。

掘除了一些人牙以外，再没有任何新的发现，如果6个月内再无进展，美国洛氏基金会将中断对周口店挖掘工作的支持。正当贾兰坡为找不到人类化石而一筹莫展的时候，奇迹出现了。11月15日上午，技工张海泉在砂土层中挖到一块核桃大小的碎骨片，放在小荆条筐里，贾兰坡问这是什么东西，他说："韭菜（即碎骨片之意）。"贾兰坡拿过来一看，不由大吃一惊："这不是人头骨吗？"他马上派人将现场围了起来，进行更为细致的挖掘，连豆粒大的碎骨也不遗落，在这半米多的堆积中，发现了许多头盖骨碎片，慢慢地，耳骨、眉骨也从土中露出来，这是一个完整的头盖骨。接着在下午的挖掘中，又发现了另一个头盖骨，它的情形与上午挖掘的那一个相仿，均裂成了碎片。贾兰坡将两个头盖骨的碎片对碴粘好，送到了北京。

26日上午，又找到了一个头盖骨。这个头盖骨非常完整，连神经大孔的后缘部分和眉骨上部及眼孔外部都有。11天之内连续发现三个头盖骨的消息，一时间传遍了全世界，后来一个英国专门搜集剪报的人给贾兰坡来信，说他当时搜集到的、世界各地发表的关于三个猿人头盖骨的消息竟有2000多条。此后大规模的发掘工作，一直延续到1937年卢沟桥事变才告一段落。

"北京人"失踪之谜

1937年7月7日，卢沟桥事变爆发。两天后，周口店发掘工作全部停止。当时周口

1936年北京周口店猿人遗址发掘情形

店发现的所有古人类化石，都保存在北平协和医院里。由于日本侵华战争不断扩大，美日关系也越来越紧张，当时属于美国势力管辖的协和医学院也朝不保夕。

1941年，考虑到化石留在日占区很不安全，决定委托美国大使馆把化石运到美国暂为保管，等战争结束再运回中国。化石将由美国海军陆战队运往秦皇岛，准备搭乘美国来的哈里逊总统号轮船，前往美国。

装有"北京人"化石的木箱被交由海军陆战队上校阿舒尔斯特负责，阿舒尔斯特随后又责成一名叫福莱的军医，将这批装有化石标本的箱子运往秦皇岛。福莱军医受命后，先行将这批箱子寄往秦皇岛霍尔坎伯兵营，接着他也赶到了那里，等待由上海开来的哈里逊总统号轮船。

然而意想不到的是，珍珠港事件爆发了，船还没有到，霍尔坎伯兵营就被日军占领了，美海军陆战队队员统统成了战俘，并随后被押送到天津战俘营。大约在两个星

期后，这些行李也从秦皇岛被运回天津，福莱军医领回了他的大部份行李。当他打开属于他个人的一些箱子时，发现他自己教学用的现代人头骨标本都已丢失。至于上校委托他带的箱子却仍然在(看样子并未被日军打开过)，但福莱没有打开作一番检查。

福莱一开始还受到了宽待，行动比较自由，于是他便利用这个机会，在天津将行李疏散了。据他后来称，这些行李被分别保管了三处：瑞士人在天津开设的仓库，法租界的巴斯德研究所，以及几个中国朋友那里。后来，福莱军医丧失了人身自由，他也从此不知这些箱子的下落。

福莱军医并未打开上校的行李箱，究竟箱内当时还有没有"北京人"化石呢？这是一个疑谜。但不管怎么说，"北京人"化石最后是经几个美国人的手而下落不明的。

1942年8月，北京协和医学院来了两个不速之客——从东瀛赶来的考古学家长谷部言人和高井冬二。当他们来到解剖系办公室，打开藏有"北京人"化石的保险柜时，发现化石早已不翼而飞。日方一面在报上大肆宣扬"北京人"化石"被窃"，另一方面日本"华北驻屯军最高司令部"指派一

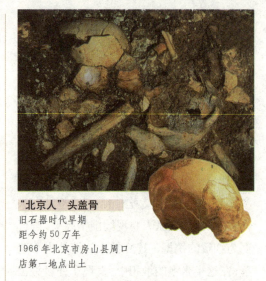

"北京人"头盖骨
旧石器时代早期
距今约50万年
1966年北京市房山县周口店第一地点出土

个侦探锭者繁晴负责搜寻工作。

据有的报道说，锭者在日军全力支持下多方搜索，大约经过两个月的光景，传出在天津找到了"北京人"化石的说法。据说，当时还特地叫有关人员前去辨认，但是该人一到天津，刚下火车就被拦截了，说是在天津找到的东西与"北京人"无关，要他立刻回北京，以后不久搜索就停止了。

这一切是值得怀疑的，试问当时一切都在日本的控制之下，日本如果找不到能如此善罢甘休了吗？这其中是耐人寻味的。抗战胜利后，中国驻日代表团曾设法在东京寻找"北京人"化石的下落，美军总部也曾动员在华美军寻找北京人的下落，结果都不了了之。种种迹象表明，"北京人"化石这个无价之宝并未真正遗失。但它们究竟在哪里呢？也许被埋藏在哪儿？也许被人有意隐藏起来了？

北京人化石失踪后，世界各地的新闻媒体传说纷纭，不但出了书，还拍了电影、

发现北京人的考古学家

裴文中(1904～1982)，字明华，河北滦县人。中国著名考古学家，古生物学家。1927年毕业于北京大学地质系，后留学法国，获巴黎大学博士学位(旧石器时代考古学)。回国后任中国地质调查所新生代研究室研究员，兼周口店办事处主任。1929年他在周口店第一地点首次发现北京人的头盖骨化石。之后又主持山顶洞人的发掘工作。1982年逝世于北京。

电视剧，"北京人"失踪之谜也成为了考古学界的一桩著名奇案。

1966年，在周口店遗址，又发现了两块猿人的枕骨和耳骨，它们连同解放前出土的一块颞骨，最后被复原成一个相对完整的头骨。这是迄今为止我们所能见到的、保存最好的唯一一块"北京人"头盖骨化石。

人类远古文化的宝库

"北京人"及其洞穴之家的发现，是古人类学、旧石器时代考古学、古脊椎动物学和第四纪地质学研究中的一件划时代的大事，它为研究人类的起源及其发展，为再现早期人类的生活面貌，提供了极其珍贵的第一手资料。

"北京人"的发现，为人类起源提供了大量的、极具说服力的证据。周口店猿人遗址，是世界上发现材料最丰富、最系统的旧石器时代早期阶段的古人类遗址。

"北京人"洞穴堆积层厚达40多米，大致形成于距今70—23万年前，"北京人"大约在距今70—20万年间在此居住，时间跨度长达50万年。他们的头部特征较为原始，但已有明显的现代蒙古人种的特征，"北京人"是属于从古猿进化到智人的中间环节的原始人类，它揭开人类历史的序幕，早在

1935年"北京人"遗址发掘现场

旧石器时代早期，"北京人"已懂得选取岩石，制作石器，用它作为武器或原始的生产工具，在与大自然进行斗争中改造自己。学会使用原始的工具从事劳动，这是人和猿的根本区别所在。

在"北京人"居住过的洞穴里，发现厚度达4～6米、色彩鲜艳的灰烬，表明"北京人"已懂得使用火，这是人类由动物界跨入文明世界的重要标志。

通过对"北京人"及其周围自然环境的研究表明，50万年前北京的地质地貌与现在已无多大差别，在丘陵山地上密布着森林群落，栖息着多种动物，其中有鸵鸟和骆驼。这为研究北京生态环境变迁史提供了依据。

"北京人"及其文化的发现与研究，解决了19世纪爪哇人发现以来困绕科学界近半个世纪的"直立人"究竟是猿还是人的争论。事实表明，在人类历史的黎明时代，从体质形态、文化性质到社会组织等方面，的确有过"直立人"的阶段，他们是"南猿"的后代，也是以后出现的"智人"的祖先，"直立人"处于从猿到人进化序列中重要的中间环节。到目前为止，"直立人"的典型形态仍以周口店北京人为准则，周口店遗址依然是世界同期古人类遗址之中材料最丰富、最系统、最有价值的一个！

灰烬
旧石器时代早期　距今约50万年
北京市房山县周口店第一地点出土
从上到下共有四层灰烬层，最厚的达6米，灰烬常常成堆分布，其中还有一块木炭、烧过的树籽和兽骨，这些是北京人使用和控制火的证据。

肿骨鹿角、下颌骨化石
旧石器时代早期　距今约50万年
北京市房山县周口店第一地点出土
北京人生活时代的气候与今天有很大不同，初期较冷，中、晚期变暖，这种变化导致了这种鹿的灭绝。

烧骨
旧石器时代早期　距今约50万年
北京市房山县周口店第一地点出土
烧骨内含游离的碳，这是燃烧的结果，而非有色金属所污染。

"北京人"牙齿化石
旧石器时代早期
距今约50万年
1934年北京市房山县周口店第一地点出土

万历皇帝的陵墓

明定陵

北京城以北的昌平天寿山南麓，有一个很大的皇家陵园，它就是埋葬明朝十三位皇帝的十三陵。1956年进行的考古发掘，揭开了神秘的定陵地下宫殿之谜。当时考古队的技术指导，就是我国考古界的权威、大名鼎鼎的夏鼐。

通向地宫之路

按照最初的计划，首先开始的是对明成祖朱棣长陵的挖掘。不料挖掘一开始就陷入了困境，考古队在宝城、宝顶上的勘探，竟然找不到一点线索。这"宝城"是什么？"宝顶"又是什么呢？我国从周代起，在墓上开始出现封土坟头，在墓顶上要垒土成坟、植树做标记，以示怀念拜奠之意。帝王陵墓发展到明清时期，布局建筑形式趋向定式，封土都采取宝城、宝顶的形式，其建筑方法是在地宫之上砌筑高大的砖城，在砖城内填土，使之高出城墙成一圆顶。城墙上设垛口和女墙，宛如一座小城。城墙称为"宝城"，高出的圆顶称为"宝顶"。

发掘明陵是用考古方法进行的科学发掘，不是军阀孙殿英式的野蛮盗掘，只能严格按照考古程序来，勘探便是其第一步。目的是找到通往地宫的隧道，从而在保持陵墓及墓内文物完好的前提下进入玄宫。偌大个皇陵，考古队找了一年没有找到任何隧道的线索。鉴于毫无线索，发掘委员会遂把目标转向了献陵。献陵埋葬的是朱棣长子仁宗朱高炽。然而转向献陵后半个多月的勘察仍旧是一无所获。夏鼐等研究，决定把发掘目标再转向定陵，定陵是第十三帝神宗朱翊钧及其二位皇后的合葬陵墓。从发掘长陵到发掘献陵再到定陵，明陵的发掘可谓是一波三折。然而，当考古队的铁铲一旦移到定陵，就从此在那里定格了，再也没有移到别处。因为一个城墙黑洞的发现，揭开了通往地下玄宫的秘密。

1958年北京市定陵金刚墙发掘现场

定陵外景俯拍

檐。看来它就是小石碑所记载的"金刚墙"了，地下宫殿的入口终于找到了！

地下玄宫的破谜之时就在眼前，然而此时有关暗器的问题也浮出了水面。之前各种传言就已开始流传，说什么陵内有飞刀、毒气、陷阱之类。在金刚墙发现数天之后，一个身穿破衣、头戴苇笠的老头，悄悄地出现在工地，见有人过来就打招呼，极为神秘地说："我家藏有祖传陵谱，上面写着这定陵地宫里有一条小河，上面飘着一只小船，要想见到万历皇帝的棺椁，必须踏舟而过。有万丈深沟，沟底铺满铁刺，上面铺一条翻板，要想渡船过河、踏板越沟，必须是生辰八字相符者才能成功，不然必得丧命……"传闻和神秘的老者，构成了一个个谜团，在发掘人员心中滚动。

金刚墙的拆除开始了，发掘人员全都戴上了防毒面具。两名队员顺梯子爬到圭形券门顶端，开始往外一块一块抽重达24公斤的墙砖。在场的人都屏住呼吸，眼睛死死盯着门券最上面的那块砖。砖抽出来了，里面并没有暗箭、乱石之类射出，只有一股难闻的气味从洞口"咻咻"的窜出，一直持续了好久。为慎重起见，考古队先去附近的昭陵村买来了一只大公鸡，一个队员抱着鸡爬上竹梯从洞口把它扔了下去，结果

考古队移师定陵后，不久在宝城东南角发现了一个洞。考古人员想，这会不会是隧道门呢？看来这是惟一的线索。于是决定对着洞口先挖一条探沟试试。下挖一段后，渐渐显露砖墙，这时有人偶然发现券洞上面的石条上有三个字，不由脱口喊了一声："这里有字！"大家定睛细看，原来是"隧道门"三字。这一发现，证实了这个洞确是入陵的隧道门，而两道砖墙无疑便是隧道了。

发掘人员用考古专用探铲打眼向里探寻，探明了砖隧道弯曲成"S"形，考古队决定开挖第二条探沟。当挖到天色近晚将要收工之时，挖出了一块小石碑，上面有16个字："此石至金刚墙前皮16丈，深3丈5尺。"这块石碑的发现，轰动了全工地。因为如果小石碑记载准确，那么再往西挖16丈，深3丈，就会发现金刚墙了。考古队又向西开了第三条探沟，随着探沟的延伸，尽头出现了一道横贯南北的大墙，顶端着黄色琉璃瓦

里面黑，洞口处亮，它又从洞口飞了出来，试验失败了。

　　无奈，决定还是让一个队员首先进洞。为防万一，将一根长绳的一头系在他的腰上，另一头由洞口的人攥着。他下洞之后，往前走了几步，发现并无飞刀暗箭，也无陷阱之类，于是他就向洞口射出一道电光，这是事先约好的信号，表示洞内无事。

　　见到信号后，大家都跟着下去了。这是一个长方形的墓道，队员们在偌大的墓道里摸索前行，脚下的"嗦嗦"声在响着。蓦地，两个队员几乎同时喊道"地宫门！"顺着电光，只见两扇洁白如玉的巨大石门突兀而现，高高地矗立在人们面前。这是用整块汉白玉做成的两扇石门，历经几百年仍然晶莹似玉，洁白如雪。

　　一个队员试着推了推门，门巍然不动，大家一起用劲推，门仍不动。一人用手电沿

门缝照去，只见一块大石条在里面将大门死死顶住，怪不得大家无论使多大劲都奈何不了它。

　　石条顶住石门，不会是忠于皇帝的奴仆从里面所为，因为地宫是葬帝、后的处所，其他人不能与帝、后同穴。从两扇石门间的缝隙分析，顶石门是从外边干的，应该有一种可以从外边拉住顶门石的工具。而据史书记载，"拐钉钥匙"就是这样的一种工具，专门用来从外面拉住顶门石。拐钉钥匙无疑是开关石门用的一种金属工具。但上哪儿去找拐钉钥匙呢？大家又犯难了。姜还是老的辣，考古队的技术指导夏鼐叫人找来了一些八号铁丝，仔细观察石门和顶门石的位置，模仿着用铁丝弯成了一把"拐钉钥匙"，试着用此"钥匙"配合一些竹片推顶门石，居然一下一下地给推开了。

　　进入此门，才算真正进入了地宫。石门内是地宫的前殿，这是一个长方形券顶石室，东西长26米，南北宽6米，高7.2米。地面铺砌当时江苏烧制的方形澄浆砖(当时的名砖，被称为"金砖")，两壁以青石砌垒，顶部以石条起券。但是殿中并没有陈设品。

　　前殿后部有石门，队员们又用"拐钉钥匙"打开此门。进入此门是地宫的中殿，此殿与前殿高、宽相同，只是长了6米，也为石构。殿前部仍铺有一层木板，后部陈设有三套汉白玉石宝

定陵地宫

金刚墙
1958年北京市昌平区定陵出土

座，分属万历皇帝及两位皇后。

中殿南北两壁各有一条甬道可通往左右配殿，队员又循着甬道进入配殿。配殿的石门比前、中殿门要小，且没有关闭。两配殿对称，东西长2.6米，南北宽6米，顶高7.2米。令人不解的是这两个配殿陈设有棺床，而无棺椁。大家的心不由一下子凉到底："是不是地宫被盗过？为什么有棺床无棺椁？"偌大个地宫空空如也，意味着什么？辛苦劳碌一年多时间岂不白费！好在这地宫的最后一个殿——后殿尚未打开，于是大家把希望都放在了它身上。

后殿的门设在中殿后端，队员们还是依法用"拐钉钥匙"打开了此门。这时奇迹出现了，殿中部偏西处三个棺床上赫然

并排放着三口朱漆棺椁！"找到了！终于找到了！"考古队员们兴奋得互相拥抱起来，眼里闪烁着激动的泪花，一年多的艰苦发掘总算有了圆满的结果。后殿是地宫的主体部分，它比前、中殿都要高大，南北长30.1米，东西宽9.1米，地面至券顶高9.5米。地面铺砌花斑石，细腻光滑，胜过今天的水磨石。

此时观察整个地宫，连隧道通长87.34米，左右横跨47.28米，总面积达1195平方米。由前、中、后殿和左右配殿五殿构成，体例与地上宫殿形制相似，前、中、后三殿相当于地面建筑的三进房舍，左右配殿相当于左右厢房。

清 棺

接下去要进行的就是清理棺椁的工作。三口棺椁中，中间最大的那口是神宗朱翊钧的，左边那口是孝端皇后的，右边的是孝靖皇后的。万历帝和孝端后的棺木保存尚好，孝靖后的棺木已腐朽得难以复原。面对腐朽程度不一的三口棺椁，夏鼐决定先清理孝靖皇后的那口。

在清理孝靖皇后棺椁时还闹出了一则笑话。在以往考古发掘清理古墓时，往往衣物棺木等都烂掉了，只剩些下骨骼和青铜、陶瓷器之类不易腐烂的物件，还不觉得怎么害怕。而定陵就不同，它离现代很近，棺内死者的衣服还没有烂掉，有的衣服及丝锦的颜色非常鲜艳，如新的一般，只是没有新的那样有韧性而已，因而工作队员们有

一种恐惧感。当队员们把棺内死者盖的寿被、寿单和棺内两侧塞的成匹的织锦缎一卷卷地拿出来，接着把孝靖皇后盖的棉被寿单连揭带抓清理完后，露出了死者着黄锦缎袄的腹部。一个队员用手一按，腹部还嗯扇嗯扇的，当时他以为尸体还没有腐烂掉，吓得提起工具包就往上跑。其他队员不知道怎么回事，也跟着从地宫跑了上来。上面的人问他怎么一回事，他说尸体还没有坏呢，用手一按，肚子还嗯扇嗯扇的。

考古队立刻给北京城里打电话，叫派医生来。北大医学院的医生带着防腐药开着车赶来了，他们到地宫去一检查，发现不是尸体没有坏，而是孝靖皇后穿的黄锦缎袄有弹性。尸体已经腐烂，仅剩骨骼。这则笑话使大家虚惊了一场。

接着清理孝端皇后的棺椁。孝端皇后上盖缎被，被下放置衣服和金、银器，尸体下是一床织金缎被，下有四层褥垫，其中一件上缀有"消灾延寿"金钱100枚。皇后头戴黑纱尖形棕帽，上插金簪、金钗，上身着绣龙方补黄绸夹衣，下穿黄色缠枝莲花缎夹裤，腰系绣云龙纹长裙，足蹬黄缎鞋。孝端皇后也仅存骨骼。

最后清理的是神宗的棺椁。棺内除他的尸体外，塞满了各种陪葬品。最上层盖的是织锦被，被下放着袍服和织饰匹料，尸体下垫着一条锦被，被下还垫着9层被褥，其中一件褥上缝缀"吉祥如意"金钱17枚。万历帝身着刺绣衮服，腰系玉带，头戴乌纱翼善冠，下身穿黄素绫裤，足蹬红素缎高绣靴。万历帝尸体亦腐烂，仅存骨骼。

至此，明神宗朱翊钧和他的两位皇后的棺椁全部清理完毕。

定陵内室棺椁放置情形
1958年北京市昌平区出土

价值连城的地宫宝藏

定陵出土文物，堪称价值连城。除棺椁内的随葬品外，更为丰富的是棺椁外的随葬品。帝后的棺椁附近有29个朱漆木箱，箱内装满了金银器、冠带、佩饰、铜锡明器、武器、谥册、谥宝和木俑等物，共计2648件，其中不少珍品堪称国宝。

金器有数百件，其中以帝后的金冠尤为精美。朱翊钧的金丝翼善冠，全用极细的金丝，采用多种工艺编织而成，且堆垒出二龙戏珠图案，孔眼匀称，外表不露任何接头痕迹，尤其是龙的造型生动有力，气势雄浑。皇后凤冠共4顶，计有三龙两凤冠、十二龙九凤冠、九龙九凤冠、六龙三凤冠。这六龙三凤冠最为精美，6条用金丝编织的龙雄踞于凤冠上，昂首欲腾；3只用翠鸟羽毛粘贴的凤屈居于下，展翅若飞。龙、凤均口衔珠宝串饰，在满饰大小不同的用珍珠宝石缀编的牡丹花及点翠的如意云及花树之间穿行嬉戏。冠后的六扇博鬓，左右分开，如五彩缤纷展开的凤尾。此凤冠珠光宝气，富丽堂皇，共有红、蓝宝石128块，珍珠5400多颗。

丝织品在定陵出土文物中占有极重要的地位，各种袍料、匹料和服饰用品达600多件。多姿多彩的服饰中，尤以刺绣的百子衣最为珍贵，该衣出于孝靖皇后棺内。百子衣图案以升龙、行龙左右盘绕与百子嬉戏为主题，庄重富丽。龙纹姿态生动，龙身粗壮有力，四周饰以云、海水等纹样，更衬托出龙的威严气势。在前后襟的下半部与宽大衣袖上，绣有100个体态丰腴、活泼可爱的童

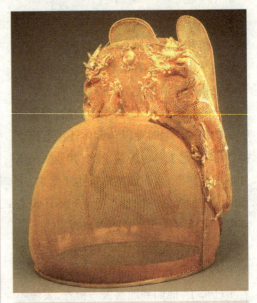

金翼善冠·明

通高24厘米，冠口径20.5厘米，重826克
1958年北京市昌平区定陵出土
这件明朝万历皇帝的金冠用细金丝精心编织而成，由前屋、后山、角三部分组成：上部的龙纹气势雄浑，突出了皇家气息。出土时装在一个圆形的木盒子内。

子，正在进行各项游戏，如读书、出游、捉迷藏、沐浴等，神态各异，栩栩如生。百子周围饰有金银锭、方胜、古钱、犀角等八宝，还有以梅花、荷花、桃花、菊花、山茶等花卉组成的春、夏、秋、冬"一年景"图案。整个纹样寓有"子孙万代，多福多寿"之意。

佩带一类也精美绝伦，出于万历皇帝棺内的大碌带系无价之宝。带是用双层黄色素缎内夹一层皮革制成，带上缝缀20块嵌宝金饰件，每一金饰均为扁金制成的缠枝花形金托，托正中镶祖母绿一块，四周嵌石榴子红宝石及珍珠数颗。据统计带上共有祖母绿20块，石榴子红宝石91块，其中价值最高的是祖母绿。祖母绿属绿柱石类，产于西伯利亚、巴基斯坦等地，质优者在国

际市场上可与钻石相媲美，国外有人因偶然获得一小块祖母绿而一夜变成百万富翁。定陵出土的这条大碌带，其上祖母绿色绿透明，品种极为名贵，是真正的无价之宝。

还有猫眼儿带饰，该带饰也出土于万历帝棺内。猫眼儿又叫"猫睛石"，为具幻光性的金绿宝石亚种，产自锡兰国(今斯里兰卡)，石色淡黄，中含青纹，经琢磨成型后出现游动的光带，以宛如猫眼而得名。万历帝棺内带饰上镶嵌的猫眼儿不仅大而且质地极好，一道夺目的白光随时变换，如猫睛一般，四周装饰红、绿宝石及珍珠，底部为花丝金托，灵芝形圆钮。此带饰的猫儿眼大似拇指，真可谓世间罕有之奇珍。

1958年9月6日，新华社向世界播发了这样一条消息："明十三陵中定陵已打开。陵墓是一座地下宫殿，全部用大块青白石砌成的拱券，有两层楼高、80多米长。在后殿放着三口一人多高的朱红棺材，明朝第十三位皇帝朱翊钧和他的两个皇后都躺在里面。尸体腐烂，骨架完好，头发软而有光。尸骨周围塞满了无数的金银玉器和成

百匹的罗纱织锦……"这条消息一经播出，世界考古界顿时为之哗然，并把惊愕的目光骤然投向东方这块古老而神奇的土地。

明朝的陵寝制度规定：帝、后归葬同穴不同室，皇帝位于正室，地宫配殿用来安放皇后。但定陵的两座配殿为什么是空的呢？三个人都放在后殿又是为什么呢？

考古学家综合分析了考古现场和当时的历史背景，得出了结论：从定陵现场分析，进入配殿的甬道和两具皇后棺材相比，明显偏小，这应该是当初陵墓设计上的失误。可以想象当时棺椁进入后，因通向配殿的甬道狭窄，棺椁难以进入，因此只得放在后殿。护丧大臣们这种敷衍了事的做法，并没有什么后顾之忧，因为该入葬的人已到齐，土一封上，就再不会有人破土检查了。

另外还有一个原因。当时皇家争权夺位的矛盾非常尖锐。朱翊钧死后，朱常洛登基，可新君八月上台，九月初一就一命呜呼了。死因是朱翊钧的贵妃郑氏所为，这是明史上有名的"红丸案"，这位新君是吃红丸死的，实际上就是郑贵妃想做太后，害死了泰昌皇帝。泰昌长子朱由校16岁即位，只知嬉戏，更不过问此事。因此对于爷爷朱翊钧等人的入葬，草草了事，就不足为奇了。

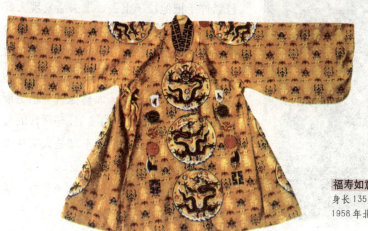

福寿如意衮衣·明
身长135厘米，通袖长234厘米
1958年北京市昌平区定陵出土

瑰宝金缕玉衣的出土

满城汉墓

在河北保定满城县城西南约1.5公里处，有一座形若落凤的小山丘，名叫陵山。在陵山脚下有个守陵村，村里人传说，他们的祖辈本是为王侯守陵的，至于究竟给谁守陵，陵在哪里，却没有谁说得清楚。

陵山之谜

1968年5月，一队解放军悄悄开上了陵山，要在这里进行国防施工。施工需要放炮开山，战士们在一个朝东的地带找到了理想的炮口。打完炮眼，装上炸药，点燃导火索后，"轰隆"一声炮响了。可是一声巨响过后，却没有崩下什么石头来？炮的声音也不像平时那么脆响，而是十分沉闷，而且好像还有回音。

中山靖王刘胜墓墓道门·西汉
1968年河北省满城县　中山靖王刘胜墓出土

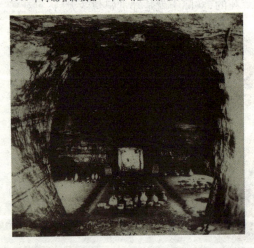

这是怎么回事？大家感到十分纳闷。班长于是命令一个战士爬上去看个究竟。

这个战士攀着岩石爬了上去，当他刚刚站到放炮处时，双脚似乎突然失去支撑，身体随着石头渣慢慢往下沉去。待他完全反应过来时，他已经和一大堆石头一起落进一个黑咕隆咚的山洞里。洞里一片漆黑，伸手不见五指，脚下是冰凉的淤泥和一些坛坛罐罐。突然，有一股十分陌生的奇特气味扑鼻而来，阴森可怖！

他稳了稳神，急忙向有亮光的地方爬去，这时正好班长带着战士们爬过来，大家赶紧伸手把他拉了上去，上去后发现人好在没有受伤。在洞口商量片刻，他们决定进洞深处探一下究竟。当他们打着手电，举着火把走进洞里之后，所有的人都被看到的东西惊呆了：四匹高头大马拖着一辆造形别致的战车。马是人造的模型，与现代的马似乎没有什么区别，而战车却是大家从未见过的，好像只有古代才会有。

"一定是一个古墓！"一个老兵首先缓过神来。

"对，我们挖到古墓了，必须马上向上级报告，同时注意保护好现场，严格保密，不得向任何人泄露！"班长严肃地说。他们封好洞口，又留下了两个隐蔽哨，就火速返回驻地向上级作了汇报。

因为当时正值文革期间，社会秩序已经乱了套，河北省有关部门秘密派两名专家前往现场察看后，认为该墓有非常重要的价值，就直接向毛主席和周总理作了汇报。毛主席和周总理指派中国科学院院长郭沫若处理此事。

6月末，中科学院考古所一行数人到达陵山，河北省文物考古队也有数人抵达，他们与早已准备就绪的部队一起，开始了紧张有序的发掘工作。这支由解放军和考古人员组成的特殊队伍从原来部队施工的切口处进入。为保护考古专家，防止暗器伤人，由一名排长率三名战士走在最前面探路，后面依次是军医、防化兵、全副武装的战士和考古队员。

阵阵阴冷的夹杂着霉味的湿气扑面而

羊灯·西汉
高18.6厘米
1968年河北省满城县中山靖王刘胜墓出土
这件设计精妙、刻画细腻的羊形灯出土时腹腔内残留有含油脂成分的白色沉淀物。

来，顶上不断滴着冰凉的水。他们沿着墓道蹒跚而行，每走一步都小心翼翼，唯恐碰坏随时可能出现的文物和发生危险。墓穴越来越深，空间越来越大，突然，在前方不远处，有一片片亮光在闪动。"那是什么！"有人大着胆子说过去看看。当他们小心地一步步地接近亮光时，眼前呈现的一切令人目瞪口呆：原来是一些摆放得工工整整的金器、银器、鎏金器皿、铜器、陶器等，其工艺之精湛、数量之多，实属罕见！

"我们现在找到的都是随葬品，放主人棺材的后室在哪里呢？"富有考古经验的考古队长思考片刻后，果断地

满城县中山靖王刘胜墓外景

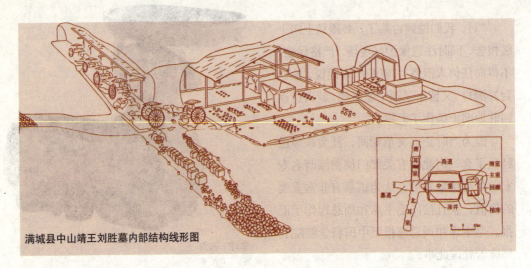

满城县中山靖王刘胜墓内部结构线形图

作出判断，"从中间找！"果不其然，大家穿过中间大厅，在最后的石壁上找到一个门。这个门已被牢牢封死，可谓严丝无缝，被伪装得和黛青色的石壁一模一样，若不是仔细观察，很难看出来。

这个石门是从里向外用巨石顶住的，里外都用粘土封死，中间又用几十公分的铁水浇注。战士们在考古队长和连队干部的指挥下，又奋战了五六天；五六天之后，巨大的石门终于被打开了，里面的一切完全呈现在人们的面前：古墓的主人安寝在这里，一棺一椁和载枢车已腐朽，金缕玉衣、错金博山炉、成堆的金光闪闪的金饼、难以数计的金银铜陶器等……令人眼花缭乱，不敢置信。

从发掘出土文物判断，考古队认为此墓可能是西汉中山国国王刘胜的墓，但还不敢最后确定。他们向郭沫若汇报了发掘情况，同时迫切希望郭老能亲自去一趟陵山，现场予以鉴定。当郭老伴着文革武斗的枪声，从北京长途驱车来到陵山走进墓室，

看到那些文物以后，顿时眼睛为之一亮，待他一一仔细看完，便不由发出兴奋的呼喊："这是刘胜的墓！这是第一代中山靖王刘胜的墓穴！"

紧接着，郭老走出墓室。在墓外，郭老环视四周，对这座墓的环境、地形作了长时间的观察之后，用十分肯定的口气说：距刘胜墓北侧120米处，尚有其妻墓室。距其南120米处，亦应有其另一妻墓室。周围山顶的十几个山包，则是臣相的墓穴和刘氏子孙坟。在场的人听到郭老的这番话，都惊呆了：郭老是众所周知的学界泰斗、考古专家，他能如此肯定地下结论，岂能不令人折服？郭老一言九鼎，谁能不信？大家万万想不到，一个偶然的考古发现竟然会引发出一连串的发现！

按照郭老的指示，开始对刘胜墓北侧120米处进行挖掘，结果完全证实了郭老的判断，在此找到了另一座墓穴。墓穴被打开后，出土了一方钢印，两面印文分别为"窦绾"、"窦君须"，根据历史文献记载和汉代

"同坟异葬"的习俗，断定其即为刘胜妻子窦绾之墓。我们后来无数次在电影、电视、画册上见到的窦绾金缕玉衣、长信宫灯、朱雀铜灯、朱雀衔环铜杯等国宝级文物等都依次摆放在室内。在这活生生的事实面前，大家不由地赞叹："郭老，真神人也！"

1968年9月19日，历时111天的满城汉墓发掘工作至此全部结束。因为这次发掘工作发生在动荡的岁月和地区，发掘工作又惊动了毛主席、周总理，又有德高望重的郭沫若先生指导，没有惊动当地农民和政府，没有走漏半点风声，所以，长时间来笼罩着层层面纱。然而，正是由于这次发掘工作组织得如此严密，才使发掘工作顺利进行，并最后圆满地划上了句号。

中山靖王刘胜

刘胜，汉景帝刘启之子，汉武帝刘彻的异母兄长。据史书记载，西汉时，景帝平定"七国之乱"后，为加强自己的皇权统治，对自己的子孙进行了分封，封皇子刘胜为第一代中山靖王，并改中山郡为中山国。中山国位于太行山东麓，大致包括今易水以南、滹沱河以北的地区，首府设在卢奴(今河北定州市)。西汉中山国有十代王，刘胜是第一代王。此时满城县为中山国的北平县。他在景帝前元三年(前154)被封为中山王，死于武帝元鼎四年(前113)，统治中山国达42年之久。

景帝死后，刘胜的弟弟刘彻，当了皇帝即汉武帝。汉武帝刚即位时，大臣们因为七国之乱的教训，对诸侯王进行百般挑剔，动不动就上告诸侯王的过失。建元三年，刘胜和代王刘登、长沙王刘发、济川王刘明一起到长安朝见汉武帝。汉武帝设宴款待他们，刘胜听见奏乐就哭了出来。汉武帝问他缘故，他借机向弟弟控诉被国相吹毛求疵，动不动就要进谗言。文辞雄壮，条理分明，汉武帝于是要求有司不得再欺凌诸侯王。一时之间，刘胜被誉为"汉之英藩"。

也许是深自韬晦的缘故，刘胜从此把精力全部转移到了酒色上面，光儿子就生了120多个。但他却并没有酒色过度，仍当了42年中山王才死去。

相传，有一日他登上了满城的凤凰山，见主峰居中，两峰如左辅右弼，三峰相连，形如坐西朝东的太师椅，又似筑有双阙的城堡。于是他就对随从说，自己百年之后便安寝在这座山上。此后，凤凰山上开始大兴土木。公元前113年刘胜死后便葬在凤凰山上，山

赵献瓿·西汉
通高48.2厘米
1968年河北省满城县中山靖王刘胜墓出土
它由三部分组成，名为"釜"、"甑"、"瓿"，铭文分别为："御铜金雍瓿釜，容十斗，盆备，三十七年十月，赵献""御铜金雍瓿甑一具，盆备，三十七年十月，赵献""御铜金雍瓿釜，容十斗，三十七年十月，赵献"。通过这件器物及其他带有铭文的纪年器物，考古学家确定了在位超过30年的刘胜是陵山汉墓主人。

名也改为了陵山。

此次的考古发掘，破解了陵山、守陵村这些千古之谜，原来，守陵村村民的祖辈即是为中山靖王守陵的。

稀世之珍——满城汉墓出土文物

满城汉墓两墓共出土文物总数达1万多件，其中精品即达4000多件，其种类之丰富、制作之精美，令人叹为观止。其中尤以金缕玉衣、长信宫灯、错金博山炉等最为珍贵。

刘胜的金缕玉衣全长1.88米，共用玉片2498片，金丝约1100克，玉衣所有的玉片四角都有穿孔，全部用金丝线编缀，没有用麻布和丝带粘贴。玉衣分头套、上衣、裤筒、手套和鞋几部分，各部分大都先用铁条固定。给死者穿戴好后，再用金线连起来。死者头下有鎏金镶玉铜枕，枕内填满花椒。头部有玉眼盖、鼻塞和口含，盆骨附近有玉盒和玉塞。

窦绾的金缕玉衣全长1.72米，共用玉片2160片，金丝约700克。窦绾玉衣的头、手、臂、腿、足部玉片皆四角穿孔，和金丝编缀。只有上衣玉片四角未穿孔，是先将玉片粘贴于麻布上，再用丝带在每片玉片的正面交叉粘贴，并在玉片四周贴以丝带，除此之外，两玉衣结构完全相同。

长信宫灯通体鎏金，作宫女跪坐持灯状。器上刻有铭文9处，共65字，其中有"长信尚浴"字样。全器可分为头部、身躯、右臂、灯座、灯盘和灯罩等6个部分，各部分分别铸造，然后组合成整体。灯盘可转动，灯罩可以开合，因而能够随意调整灯光

金缕玉衣·西汉

全长1.88米　1968年河北省满城县中山靖王刘胜墓出土
这件金缕玉衣由2160片玉片制成，所用金丝约700克。上衣前片除下缘外，所用玉片都比较厚大。其制作方法是先将玉片作对称横行的排列，然后贴在麻布衣片上，再用宽约6厘米的丝带，顺着对角线作交叉形粘贴在玉片上，同时每个玉片周围也用织物粘贴，编结成牢固、美观的完整衣片，衣片周缘也用织物包边。

照射的方向和亮度。宫女的右臂和
身躯中空，烛火的烟炱可通过右臂
进入体内，从而保持室内的清洁。
铜灯设计灵巧合理，宫女造型生
动逼真，其艺术水平之高，在汉
代铜灯中是首屈一指的。美国
前国务卿基辛格见到长信宫灯
后曾惊叹：那时候的中国人就
有了环保意识！

　　错金博山炉造型美观，制
作精巧。博山，乃古代神话中的
仙山，错金是金银镶嵌的一种工
艺。炉盘上部和炉盖铸出高低起伏、
挺拔峻峭的山峦，以象征陆地和群山。
炉盖上就山势镂孔，山峦间有神兽出
没，虎豹奔走，机灵的小猴或是蹲在山
峰高处或是骑在兽背上嬉戏玩耍，猎人
则在山中巡猎。一幅秀丽生动的自然山
景就在工匠们的鬼斧神工中跃然而出。
炉座把上透雕成三条蛟龙腾出波涛翻滚的
海面状，以龙头擎托炉盘，在炉座把上的
山、海之间饰龙纹，蕴涵着龙为沟通天、地、
人三界的通天神兽的时代观念。其工艺之
精湛，举世罕见。

　　满城汉墓出土文物创造了多项全国之
最：迄今发掘出土的质地最好、时代最早、
保存最完整的一整套西汉时期医疗器具；
计时器铜漏壶是迄今出土的年代最早的一
个古代天文学器物；而刘胜的铁铠甲，也是
迄今考古发掘中所见到的保存最完整的西
汉铁甲……

　　值得一提的是，国家邮政局特意选取

长信宫灯·西汉
高48厘米
1968年河北省满城县中山靖王刘胜夫人窦绾墓出土
此灯的造型非常奇特，宫女的手臂可以转动，用来调节灯
光的明度和照射方向，显示了独特的匠心。灯上的9处铭
文共有66字，表明此灯原是长安长信宫中的器物，几经
易手，最后到达窦绾手中。

中山靖王墓出土的长信宫灯、蟠龙纹铜壶、
错金博山炉、朱雀衔环杯这四件具有代表
性的国宝级文物，于2000年发行《中山靖
王墓文物》邮票一套四枚。中山王墓出土文
物也曾多次出展世界各地，受到各国人民
的极大惊叹和赞赏。

五代王处直墓位于河北省曲阳县灵山镇西燕川村。1995年，河北省文物研究所、保定市文物管理处、曲阳县文物管理所对其进行了发掘清理。此墓坐北朝南，以青石砌筑，由墓道、墓门、甬道、前室、东西耳室和后室组成。从墓门至后室全长12.5米。整个墓室壁画面积达100平方米，色彩鲜艳，技法精熟，内容有人物、云鹤、花鸟、山水等。墓室中还出土了两方汉白玉大型高浮雕，尤其是散乐图，线条流畅，极具艺术魅力。

石雕散乐图·后梁龙德三年(923)

高82厘米，宽136厘米　1995年河北省曲阳县灵山镇王处直墓出土

中国北方民族
文化考古

　　近几十年的考古发现表明，当我国中原地区进入青铜文明之时，因受中原青铜铸造技术的影响，这里也创造了适宜其经济活动和生活习俗的青铜文化，即北方民族青铜文化。将各种动物形象用圆雕、透雕和阴刻等技法装饰于实用的工具、兵器、服饰及车马器具上，为北方民族青铜文化的显著特征。随着北方草原地区游牧化的发展以及与欧亚草原地带诸多民族间的频繁接触和相互交往，北方民族青铜器在文化面貌上产生了越来越多的相似成份，而这种特征鲜明的动物纹饰便成为欧亚草原民族所通用的装饰艺术题材，西方学者称之为"斯基泰—西伯利亚"风格。在中国，因鄂尔多斯地区出土的青铜器早在本世纪初就已享誉海内外，故称为"鄂尔多斯式"青铜器。总之，这类以各种动物纹为装饰题材的青铜器，沿用时间很长，分布范围广泛，但大体上集中于中国北方的燕山南北、内蒙古中南部和山西、陕西、河北北部的长城地带，因此可统称之为"北方系青铜器"。

　　　　　　——中国当代著名历史学家：郭素新　田广金

彩绘陶罐·夏家店下层文化
通高19.3厘米，口径11.8厘米
内蒙古自治区赤峰市敖汉旗大甸子遗址出土
夏家店文化分布在东北地区的内蒙古东部、辽宁和河北北部，时代相当于中原地区的商周时期，所出土的陶器既有明显的中原地区商代陶器的影响，也具有十分突出的地方特征。特别是夏家店文化的彩绘陶器，多出土于地位极高的大墓，以黑、红、白三色彩绘勾连云雷纹，审美价值很高。

有銎斧·前12世纪
长18厘米，幅14厘米
陕西省榆林市出土
北方青铜文化以带饰和兵器最为著名，也最具艺术代表性。带饰多以动物及动物搏斗和少数人类狩猎、捕俘为题材，兵器多在细部以动物作装饰题材。这种艺术风格西起大西洋，东至日本海，北到北冰洋，南达中国中原地区，显示出广阔的地域性。

内蒙古自治区赤峰市
敖汉旗大甸子遗址

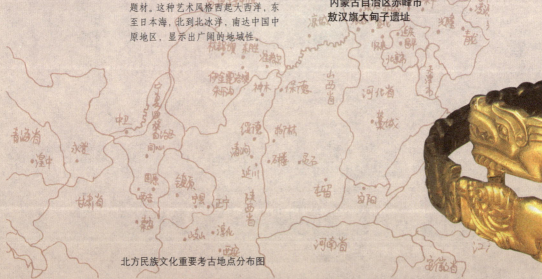

北方民族文化重要考古地点分布图

神兽金饰·匈奴·前3世纪
高11.5厘米，长11厘米
陕西省神木县纳林高兔出土

金冠·匈奴·前3世纪
高7.3厘米(冠)，周长60厘米(轮)
重1394克
内蒙古自治区杭锦旗阿鲁柴登出土
内蒙古南部和陕西北部是中国北方
民族文化中出土金银器最多的地
区，反映了这一地区在当时极为重
要的地位。另一处金银器大量出土
的地点是俄罗斯的南阿尔泰和新疆
以西的中亚地区。

北方民族文化主要考古地点

1953年 内蒙古准格尔旗瓦尔吐沟
1956年 内蒙古准格尔旗蓿亥树湾
1956年 辽宁西丰西岔沟
1956年 内蒙古察哈尔右翼后旗二兰虎沟
1957年 陕西神木纳林高兔
1957年 山西石楼后兰家沟
1958年 内蒙古宁城南山根
1961年 河北青龙抄道沟
1962年 内蒙古准格尔旗速机沟
1968年 内蒙古凉城崞县窑子
1972年 内蒙古杭锦旗公苏壕
1972年 内蒙古赤峰松山
1973年 宁夏固原鸦儿沟
1974年 内蒙古鄂尔多斯
1974年 内蒙古准格尔旗玉隆太
1975年 宁夏西吉苏堡
1977年 陕西清涧解家沟
1979年 内蒙古凉城毛庆沟
1980年 内蒙古伊金霍洛旗朱开沟
1980年 河北怀来甘子堡
1980年 宁夏固原石喇
1980年 内蒙古杭锦旗桃红巴拉
1981年 宁夏固原杨郎大北山
1981年 吉林榆树老河深
1982年 青海湟源
1983年 宁夏中宁
1983年 宁夏同心倒墩子
1983年 陕西安塞谢屯
1983年 宁夏同心李家套子
1984年 宁夏彭阳姚河
1984年 宁夏彭阳白杨林
1985年 宁夏固原撒门
1985年 内蒙古宁城小城子那苏台
1985年 山西灵石旌介
1985年 河北宣化小白阳
1987年 陕西延川用斗
1987年 北京延庆玉皇庙
1988年 宁夏西吉陈阳川
1988年 内蒙古克什克腾旗龙首山
1989年 宁夏固原杨郎马庄
1993年 内蒙古宁城小黑石沟

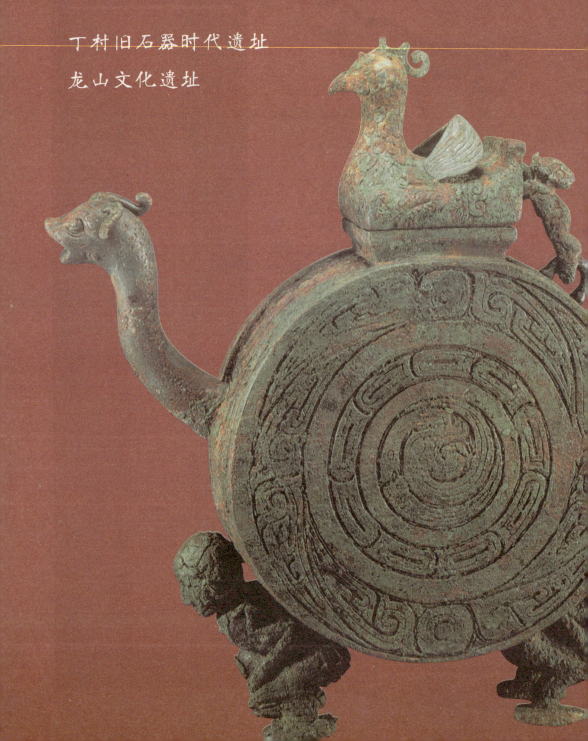

山西地区

丁村旧石器时代遗址

龙山文化遗址

"丁村文化"的发祥地

丁村旧石器时代遗址

山西省襄汾县城南5公里，有一个叫丁村的村落。它位于同蒲铁路东侧，东依塔山，西傍汾水，这里土地肥沃，盛产粮棉。1952年秋，临汾、侯马飞机场扩建，急需大量的沙子，工程队于是在丁村开辟了一个沙厂取沙。

挖沙子挖出的旧石器时代遗址

在丁村挖沙的过程中，奇怪的现象接二连三地发生了，这儿挖出了巨大的骨骼碎片以及牙齿、腿骨；那儿又挖出了黑色的有棱有角有刃的石片子。这是怎么回事呢？面对挖出的这些奇怪而陌生的东西，民工们相互传看猜疑着。这些发现引起了丁村学校的老师丁阶三的关注，他将此情况及时上报给了山西省文管会。

不久，山西省文管会派专家下乡调查。专家来到丁村后，在当地走访群众，勘察工地，短短数天内就收集到一对长达1.1米的原始牛角化石和两具象的下颌骨化石。当时还发现沙砾中含有若干破碎的石片和带棱角的石球，石片不像是天然力所破碎的，石球也不像是受到河水冲磨而成。

走的时候，专家带走了收集到的化石标本。又过了一年多，这批标本辗转运到了北京，由贾兰坡、裴文中等国内一流的化石和古生物专家进行了"会诊"。经过初步的

观察研究，专家们认为：这些石片和石球，人工的痕迹很清楚，石片上虽然没有第二步加工，但是有清楚的台面和打击出来的半锥体，台面和破裂面的交角保持着大角度，石片肥厚，石球的棱角也具有打制的斑痕，可以判定它们是旧石器时代的遗物。当时，旧石器时代的地点在我国发现的不多，并且这还是解放后我国发现的第一处丰富的旧石器时代文化遗址，因此更显得丁村

大三棱石尖状器
旧石器时代中期　1954年山西省襄汾县丁村出土
距今约7万年　长17厘米、宽11厘米(左)，长17厘米、宽12.5厘米(右)

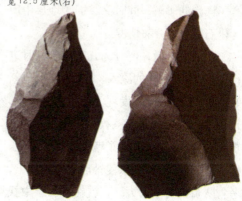

丁村遗址
1954年山西省襄汾县丁村出土

石球
旧石器时代中期
距今约7万年　直径10厘米，最宽处10.2厘米，厚约5.1厘米
1954年山西省襄汾县丁村出土
关于这种石球的用法在一开始显得扑朔迷离。之后，许家窑遗址大量石球的发现为现代人找到了答案。这种石球被绳索穿系在两端。挥舞石球猛击兽类是人类狩猎的一种常用方法。这也印证了《吴越春秋·弹歌》的史料价值与原始意义。

发现的重要，中国科学院古脊椎动物研究所遂决定对丁村遗址进行考古发掘。

很快，考古队组成了，队员包括有裴文中、周明镇、吴汝康、贾兰坡等我国著名的学者专家，队长由贾兰坡担任。发掘队是年9月22日开进丁村，当日即到丁村以南了解情况。并在村南约半公里的沙丘中拣到一些石器和化石碎片。接下去，考古队在北到史村、南到柴庄，南北11公里的距离内，沿汾河东岸作了一般性视察，又发现了旧石器和比较古老的化石地点多处。9月25日，正式开始试掘，通过试掘，不仅对地层有了详细的了解，同时又掌握了地层中所含化石的石器分布情况。

在试掘之后，便分为几个小队同时进行发掘。随着工作的深入，又发现了一些新的地点。10月中旬，发现了两枚人牙化石，11月初，又发现了第三枚人牙化石。这是重大的发现，大大鼓舞了考古队员的士气。接下去，在一面汾河水侵蚀而成的峭壁上，考古队员没费多大力气，就在砾石层中找

到了许多动物化石。在砾石层上约1米的地方，发现一具犀牛骨架，它背向汾河侧卧着，除一条后腿脱离身躯，离得较远以外，其他部分几乎都完整地相连着。

发掘工作从9月22日开始，至11月12日止，共计工作了52天。在丁村的日子里，著名的学者和普通的发掘人员一起风餐露宿，他们的足迹踏遍了汾河东岸的土地。在这里，他们一共发现14处含化石的地点，挖掘石制品2005件，哺乳动物化石27种，鱼类化石5种，还有3颗人牙化石。

后来，贾兰坡和裴文中先生对出土的化石与石器，进行深入研究，根据它们的性质、特点，确立了"丁村文化"。这以后，丁村这个曾经偏僻的村落，便驰名中外，成为考古界关注的中心。

对于丁村文化的性质，贾兰坡和裴文中指出："时代是黄土时期，即更新世晚期"，大约相当于旧石器时代中期。1949年以前，在我国大陆上，仅在北京周口店、内蒙萨拉乌苏和宁夏水洞沟等少数几处发现

旧石器时代早期和晚期的人类化石和文化遗物，至于中期的人类化石和文物尚属空白。丁村遗址的发现填补了我国旧石器时代中期人类化石和文化的缺环，是我国旧石器时代中期文化的代表，在古人类学和考古学上占有极为重要的地位。

丁村文化

丁村遗址最重要的发现，是"丁村人"的三枚牙齿化石，它们发现于一具披毛犀骨架的旁边。

从牙齿的大小、形状、腐蚀和石化程度相似以及发现间距之近，可以确定它们是属于一个12～13岁的儿童个体的。这三枚牙齿的形态，一方面具有与现代人相似的性质，另一方面又具有与北京猿人相近的若干原始性质。表明丁村人是介于北京猿人与"新人"之间，在人类发展史上属于"古人"阶段的一种人类。丁村人上门齿的齿面和北京猿人的一样，都呈明显的铲形，这是现代黄种人上门齿常具有的性质，表明他们与白种人的关系较远，而接近于现代黄种人。丁村石器以石片器为主体，绝大部分是用角页岩砾石为原料。石片一般都比较大，打击点也不集中，这种石片可能是用

"摔砸法"和"碰砧法"制成的。而根据各种动物化石和石器类型，完全可以设想，丁村人过着既采集又狩猎的集体生活，他们的生活非常艰苦，只能平均分配劳动产品来勉强满足最迫切的需要。

1954年的发现使丁村旧石器遗存闻名中外，但是在丁村地面上还有一个宝库，那就是村中的明清古民居。丁村民宅，最早建于明万历二十一年，最晚建于民国，历时近四百年。民宅群呈东北西南向分布，分北院、中院、南院、西院四大组。这四大群组以村中心明代观音堂为领首，以丁字小街为经纬，分落于北南西三方。北院以明代建筑为主，中院为清代雍乾朝者为多，南院则以道咸朝居首，西北院皆为乾嘉时所筑。

三棱尖状器
旧石器时代中期
距今约7万年
1954年山西省襄汾县丁村出土
这是用来挖掘植物根茎的工具，山西怀仁等地均有发现，著名古人类学家贾兰坡先生称其为丁村文化系统的代表石器。

山西省其它旧石器时代遗存					
文化名称	所在时期	距今年代	发现时间	所在地	石器文物
西侯度文化	旧石器时代早期	距今180万年前后	1961～1962	山西芮城	32件石器
匼河文化	旧石器时代早期	距今50万年前后	1959～1961	山西芮城	细石器
许家窑文化	旧石器时代中期	距今17万年前后	1974	山西阳高	1000多件石球
峙峪文化	旧石器时代晚期	距今2.8万年前后	1963	山西朔县	20000多件石制品

尧舜禹的时代

龙山文化遗址

历史老人似乎特别垂青山西襄汾这个地方，20万年前在这里孕育了大名鼎鼎的丁村人，1978年又在这里发现了陶寺文化遗址，它以其丰富的遗存、深邃的内涵，向世人再现了华夏文明的源头活水。

一镢头带来的发现

1978年，襄汾县陶寺村一户农家要盖新房，把基址选在离村稍远的地方。他们先打地基，这家人全家都上阵，又找来几个帮手，就开始干起来。到第三天的时候，"当"的一声，一个小伙子镢头下发出一声脆响，好像碰上了什么东西，小伙子三下两下把它刨出来，原来是个陶罐。大家都对它没有多在意，挖掘在继续进行着。可是接下挖出的东西越来越多，陶罐、陶瓶，还有许多明显是加工过的石头。这下他们不敢轻视了，赶忙向村支书汇报了情况，村支书把情况反映到了县里，县里又接着向上报告。最后，连北京都知道了山西襄汾发现了大批远古石器，社科院考古所对此很重视，不久就派人来做了考察。初步的考察结果，判定其应为龙山时代的一处文化遗址，社科院考古所决定对它进行发掘。

不久，在襄汾县东北以陶寺村为中心，涉及到东坡沟、中梁、李庄等村庄的一场由

龙山文化遗址

社科院考古所和临汾地区文化局主持的考古发掘，正式拉开了帷幕。至1983年，遗址发掘面积已达6000平方米，取得了举世瞩目的惊人成果。

多年来的发掘已经明确了陶寺遗址的基本布局，遗址东西长约2000多米，南北宽约1500多米，总面积约为300多万平方米，分为居住区和墓葬区。在居住区，发现了许多可供小家庭居住的房基，有地面上平建、半地穴式和窑洞等不同形式。附近有窖穴、陶窑、水井、道路、石灰窑以及石、骨、蚌质的生产工具，武器与大量日用陶器，并发现有狗、牛、羊、猪等家畜遗骨和小米、麻等多种植物。这些出土材料显示，4000多年前，陶寺文化先民已在这里过着定居的农业生活，在种植、饲养和手工业等方面已取得了相当成就，家庭已成为当时社会的基本细胞。

陶寺墓葬区在居住区东南隅，面积约3万多平方米，估计墓葬数在数千座以上。墓葬可分为三类：埋葬部落酋长显贵的大型墓有9座，墓坑宽大，深度多在一米以下，墓主使用彩色木棺，随葬品有彩绘蟠龙纹陶盘、鼍鼓、特磬、玉钺等重要礼、乐器以及彩绘陶、玉、石、骨等精美器物达一二百件。中型墓约计有80多座，墓坑多宽而浅，一般都有木棺，随葬品有数件的，也有一二十件不等的，其中有个别墓葬出土彩绘木器等随葬品。小型墓多是土坑墓，墓型简陋而且深浅宽窄不一，大多数没有葬具和随葬品。

大型墓出土的彩绘木案、木俎、圆足木盘等器物，都是我国同类漆、木器中出土的

陶寺遗址小型墓葬·龙山文化
1982年山西省襄汾县陶寺出土
在陶寺龙山文化遗址中，墓葬已反映出明显的贵贱、贫富的等级差别。大墓多厚葬深埋，随葬品丰富，小墓仅为尸骨一架。

最古老的实物。鼍鼓是一种用鼍（鳄鱼）皮蒙面的古代王室重器，鼓腔用树干挖成，周壁饰以彩绘。出土时鼓面的鳄鱼皮已朽，鳄鱼骨板散落在鼓腔内外，年代距今约4000余年，比殷墟出土的鼍鼓要早1000多年。特磬是一种单枚的大石磬，是古代王室一种象征尊贵的礼器，这也是我国迄今出土最古老的石磬。鼍鼓、特磬、木案、木俎的相继发现，把这类文物的历史分别提前了1000～2000年，成为我国古代文物中的瑰宝。这些器物成对的在大型墓中发掘出土，

陶寺第 3002 号大墓·龙山文化
1984 年山西省襄汾县出土

彩绘龙纹陶盘·龙山文化
直径 35 厘米
1980 年山西省襄汾县陶寺出土

志，这些在陶寺村都已经被发现，陶寺遗址所拥有的古代国家标志物已相当齐全。

说明墓主人的身份非同小可，已成为当时社会上的显贵和掌握礼乐重器的王室尊贵。

在陶寺遗址的一座晚期墓葬中，还发现了我国迄今最早的一件复合范铸造成型的铜器，含铜量达到98%。证明在陶寺文化中晚期，我国已进入铜石并用的时代。当时的陶寺文化先民不仅可以从矿石中冶炼出较纯的铜，并可用铜液进行铸造，这就为殷周时代的"青铜文化"奠定了物质和技术基础，从而开创了我国青铜时代的新纪元。

对陶寺遗址的考古发掘与研究，一直延续至今，并且不断有新的发现。最近的惊人发现，是在陶寺村首次发现了有可能为城墙的夯土建筑。它分南北两部分，北部大致连成四边形，具有城址形态；南部断断续续大致连成东南—西北一线。众所周知，城墙、阶级、金属、文字四要素是国家出现的重要标

尧舜禹的时代

中国是世界四大文明古国之一，有关中国文明的起源问题，虽然世界公认起源得很早，但究竟诞生于何时何地，迄今尚无定论。

"尧都平阳，舜都蒲坂，禹都安邑"，中国悠久的古史，记载着中华民族最早的创世英雄们，在汾河下游建国立都的伟大史实。史书记载中，尧、舜、禹三代文明的发祥地都在今山西晋南地区，尧都平阳在今临汾市，舜都蒲坂在今永济市，禹都安邑在今运城市。同时尧、舜、禹在晋南地区的活动也留下了诸多遗迹，如庙宇、坟、传说等等，但真正的考古实物发掘却是没有的。如今，陶寺遗址的发掘及其出土的大量文物，第一次从考古学的意义上证明了尧、舜、禹文明的实际存在。

考古发掘表明陶寺遗址的年代，时间跨度很长，上下近千年，大致从公元前3000年至公元前2000年之间，其遗存可分为早、中、晚三期。早、中期正好相当于历史传说中的陶唐、虞舜时期，而晚期则为夏族夏后氏的时期。

在空间上，陶寺遗址的地域，正是历史记载唐尧、虞舜和夏禹等氏族部落的活动地所在。据《左传·哀公六年》曰："惟彼陶唐，帅彼天常，有此冀方"，唐杜预注曰："唐虞及夏同处冀州"，即西周时之"唐"地，为司马迁所指的"唐在河、汾之东"，即今晋南地区。

至于文化内涵，目前就陶寺遗址的遗存，足以证明为唐尧、虞舜和夏禹氏族部落联盟的遗存。如陶寺墓葬出土的彩绘蟠龙纹陶盘、鼍鼓、石磬和彩木漆器、陶器，尤其历史文献不止一处证明它的彩绘蟠龙纹陶盘，正是以陶唐氏为首的氏族或部落联盟的共同族徽或图腾的写照。

所谓"唐尧"、"虞舜"、"夏禹"，很明显是氏族部落的名号，而非个人的私名，这点是很清楚的。由于唐尧、虞舜是氏族或部落的名号，故而他们的数代或若干代人先后为盟主或掌权的时间，就比个人数十年的时间长得多，如此，便与我们所说这一上下近千年分早、中、晚三期的陶寺龙山文化的年代相符合。而历史记载表明，陶唐虞夏这三个氏族部落的关系是非常密切的，唐尧、虞舜和夏禹是在同一历史时空先后繁衍发展起来的三个氏族部落。故其文化，从陶寺龙山文化类型所示，是具有共同的特征和发展上的联系的，即陶寺遗址的早中期便是我们推定的唐尧和虞舜阶段，而它的晚期，按唐、虞、夏的禅让先后，自然属于夏族纪年的范围。

长颈双耳陶壶·龙山文化
高83.6厘米，口径11.6厘米
1980年山西省襄汾县陶寺出土

石磬·龙山文化
长92.8厘米
1980年山西省襄汾县陶寺出土

中国最早的龙图腾

中国，是东方之龙，凡属于这个国度的人或具有这个血统的外籍华人，都是龙的传人。至于龙究竟为何物，作为文化属性的龙在中国的源头又在哪里？全世界属于龙族血统的人们，又该到哪里去寻找根祖？多少年来，一直未有定说。

龙的形象一般认为最早源于古人的图腾崇拜。由于龙是虚构的神物，因而龙的具体形象，也是在传说中逐渐形成和定型的。宋代的《尔雅翼》一书中有对龙的详细描述，说："龙有三停九似之说，自首至膊，膊至腰，腰至尾，皆相停也。角似鹿、头似驼、眼似兔、项似蛇、腹似蜃、鳞似鱼、爪似鹰、掌似虎、耳似牛"，具体生动地描绘了这种拼装的假想动物。这种假想动物，最初被视为吉祥神兽，被人们作为神来敬仰，与民族精神还靠不上，只有当它作为集团乃至联盟(最初型的"国家")的精神代表成为民族

卷云纹鼍鼓鼓腔出土时的情形

卷云纹鼍鼓鼓腔·龙山文化

现高110厘米，底径56厘米
1980年山西省襄汾县陶寺出土
出土时已被挤压变形的圆筒形鼓腔周壁满涂红彩(中部为赫红色，其余大部为淡红色)，饰有彩绘图案(已斑驳难辨)。鼓皮已经朽腐，但同时发现的扬子鳄骨板证明这是一件鳄鱼皮鼓，也就是古书中所说的"鼍鼓"。

精神的化身之后，才逐渐把远古人民的思想、感情、意识形态和美好期望都集中到了一起，变成了强烈的民族感情和勇敢善良的象征。

陶寺遗址有5座墓出土了"龙盘"，上面绘有清楚的蟠龙图案，陶寺文化中的龙，应是中原龙族文化的先首。这一定会有人提出异议：早在6000年前，红山文化等地就出现了龙，陶寺文化的龙才4000多年，如何能称之为"龙文化之祖"？这里需要强调指出的是，尽管早在6000年前，在红山文化、大汶口文化乃至河南濮阳都曾有龙形象的发现，但那时的龙尚不足以说明是国家灵魂的象征，学者们一般释为"吉祥物"或"天象"。只有到了尧舜禹时亦即陶寺文化时期，龙才被作为集团象征的图腾被提上了"政治舞台"，作为代表"国家"意志的"国徽"，从而使之成了民族精神凝聚的象征，才有了真正意义上的龙文化的肇始。因之可以说，龙作为民族精神的象征是自尧舜禹始的。

中国最早的观象台的发现

2003年陶寺最重要的发现——大型圆

体夯土建筑，推测其功能与观天象有关。如果这一推测成立，那么这就是中国最早的观象台。据记载，尧不仅自己"其仁如天，其知如神"，而且还派遣羲和、羲仲管理历法与授时，并测定了一年的天数、二十四节令和四季。《尚书·尧典》就有"期三百有六旬有六日"，"以闰月定四时成岁"等历法的记载。这些历法不会凭空而来，只能来自长期的实践经验，如果没有科学的观测与记录，显然总结不出这些亘古不变的规律。陶寺"观象台"的发现恰恰证实了"观天授时"活动的存在，印证了《尚书·尧典》上记载的"历象日月星辰，敬授人时"的真实性。

人足铜盉·西周

通高34.6厘米

1993年山西省曲沃县晋侯墓地63号墓出土

这件形制奇特的器具有强烈的北方民族的风格，捉手和下部裸体人形足形成鲜明特色，颇有动感。

山西曲沃晋侯墓

　　1962年考古工作者在山西省晋南发现天马—曲村遗址，1963年首次发掘，1979年起连续发掘至今。天马—曲村遗址面积约为10余平方公里，包括各类居址、作坊区、墓葬区，晋侯墓地是天马曲村遗址的重要组成部分。1991年，墓地多座晋国大墓连续被盗，为了抢救这处重要遗址，北京大学考古系与山西省考古研究所组成的联合考古队对墓地进行了大规模的抢救性发掘。已发掘并发表简报的晋侯大墓共有8组17座。随葬铜器最多，有礼器、酒器、水器、

乐器、兵器、车马器等，以礼器和乐器最重要。青铜器以裸人为装饰的最具特点。晋侯墓出土的玉器大致分为礼玉、佩玉、葬玉、美术品四大类。其中63号墓室西北角出土的玉人、熊、牛马、鹰、龟，极具商代遗风，有可能是周人早期战利品。天马—曲村遗址以确凿的实物资料证明晋国早期都城就在此遗址附近，为探索晋国封地的问题提供了关键性依据。

河南地区

印证夏王朝

二里头夏代遗址

诗人屈原在《楚辞·天问》中写道：

洪泉极深，何以窴之？

地方九则，何以坟之？

意思是说：洪水的源泉那么深沉，大禹怎能把它填住？大地分为九等，大禹怎样把它划分？屈原在《天问》中，对模糊不清的夏代历史，一下子提出了20多个问题，一个比一个费解。

中国学者的寻夏之旅

上世纪，甲骨文的发现以及对安阳殷墟的考古发掘，证明了商王朝的存在，可是对商以前的夏朝，考古发掘却迟迟没有提供其存在的证据。以至有外国学者提出疑问——中国历史上究竟有没有夏朝？而翻查我国古代史籍，有关夏王朝的记载赫然在目；大禹治水三过家门而不入的传说，更是至今脍炙人口。难道夏朝丢失了吗？

中国学者不甘心夏朝的历史就这样被否定，于是，从上世纪三四十年代开始，展开了一场漫长的寻夏之旅。一开始，想利用文献资料来考订夏代都邑的所在，但是仅靠有限的文献材料是无法有效地辨认出夏王朝物质遗存特征的，于是学者们又开始尝试把文献记载和田野考古相结合的方法，即在

文献大致限定的地域范围内，在当时发现早于安阳殷墟的诸考古学文化中去寻找夏文化，曾先后提出过"仰韶文化是夏文化"或"龙山文化是夏文化"的推断。

转眼过了几十载，寻夏之旅还是没有取得实质性的突破。这是在1958年，著名古史学家徐旭生在苦苦地思索，为什么多年大海捞针般的寻觅没有结果？是古文献的记载有误，还是并没有找到真正有价值

二里头遗址

1981年河南省偃师市二里头出土

的线索？古文献是唯一可资利用的依据，看来还是得回到古文献里去寻找有关夏都的线索。徐旭生又一次打开被他翻了无数遍的、已快要翻烂了的那些文献。一页页翻过去，有关夏代的只言片语在他眼前跳动着，这次会有新的发现吗？

对着"伊洛竭而夏亡"这句曾看到过无数次，但并没有引起他重视的话，他反复吟哦着。怎么会没想到呢！这句话不是在明明白白地提示，应该到伊洛水所在的洛阳地区去寻找夏都啊！他暗暗自责以前的疏忽，看来这是一条极有价值的线索，绝不应该放过。

镶嵌绿松石兽面纹牌饰·二里头文化
长14.2厘米、宽9.8厘米
1981年河南省偃师市二里头VI区11号墓出土

不久后，徐旭生到了河南西部，就因为一句话，他徒步在数千平方公里的伊洛平原苦苦的寻觅。数月间，他几乎踏遍了伊洛平原，然而却一直没有找到有价值的发现，难道这次又要空手而归？徐旭生并不想放弃，他把寻找的范围缩小到了偃师、禹县一带。

正所谓"山重水复疑无路，柳暗花明又一村"。这天途经偃师二里头，一位农民见他老在地上看来看去，便问他是否掉了东西。徐旭生乐呵呵地说掉了一座城。没想这位农民一听也乐了，赶忙将他领到村东正挖的水塘边。徐旭生一看，塘壁上布满陶器碎片，用手一摸，哗啦哗啦往下掉！这真是意外之喜。

兴奋之余，徐旭生马上展开了发掘调查。初步的结果令人鼓舞，挖掘发现这片遗址上密布着宫墙、居住址、道路、铸铜遗址、陶窑墓葬等重要遗迹，还有属于贵族才能使用的铜器、玉器，宗教活动使用的卜骨，生产工具石器、骨器、蚌器等重要遗物。这些遗存都在启示着人们，二里头遗址决不是一般的村落遗存，而是一处曾经拥有过辉煌历史的都邑废墟。

将像殷墟一样震惊世界

徐旭生判断这里应是一处大都会之后，写成了《1959年夏豫西调查"夏墟"的初步报告》，在这篇报告的启示下，从1959年到现在，考古学家对洛阳偃师二里头村进行了长期大规模的考古发掘。

迄今，遗址规模与布局大体已被掌握。

遗址沿古伊洛河北岸呈西北—东南向分布，东西最长约2400米，南北最宽约1900米，现存面积约3平方公里。中心区位于遗址东南部的高地，分布着宫殿基址群、铸铜作坊遗址和中型墓葬等重要遗存；西部地势略低，为一般性居住活动区。遗址的东部边缘地带发现有断续延伸的沟状堆积，已探明长度逾500米，可能是建筑用土或制陶用土的取土沟。

最为引人注目的是在遗址内发现的大型宫殿基址。其中的一号宫殿基址，总面积达一万平方米，是一组布局规整的建筑群。居于基址中部的殿堂，东西面阔八间，长30米；南北进深三间，宽11米。殿堂之前还有一个宽敞的庭院，过庭院则为面阔八间的牌坊式大门。这是迄今为止发现的最古老的帝王宫殿，由此奠定了我国后世历代宫殿的基本格局。

二里头文化是中国最早的青铜文化。二里头的手工业生产以青铜冶铸业为代表，发现有万余平方米的铸铜遗址。采用合范浇铸法铸造工艺，铸造的青铜器种类有鼎、铃、牌等。二里头玉器制作精美，器类有圭、璋、璜、板、钺、戚、镞、柄形饰等等。供贵族使用的白陶和施釉陶器，代表了当时制陶工艺的最高水平。除纺织工具陶、石纺轮外，还发现有纺织品遗痕，经过鉴定主要是麻布。另外还有金器、漆器、竹编、石器等手工业产品的发现。

二里头遗址出土相当数量的海贝、蚌贝、骨贝、石贝、铜贝，除用作装饰外，有的可能充当货币的职能。夏代的文字，至今

Ⅵ区11号墓随葬器物出土情形

爵·二里头文化（右图）
高20.7厘米，流尾长26.2厘米
1981年河南省偃师市二里头Ⅵ区11号墓出土

还是一个难解的谜，二里头墓葬出土的陶器上发现有二十多种刻划的符号，造型十分接近商代的甲骨文，这或许能为我们解开这个谜团。

碳14检测显示，二里头文化延续时间在公元前2000年至公元前1600年的范围内，约历时400年，与文献记载夏王朝的起止年代大体一致；另外二里头文化的分布地域与文献所载夏人活动地域也大体相符，因此二里头遗址应为夏王朝的一处都邑，二里头文化的主体为夏人遗存的观点已为绝大多数学者所接受。

目前，对中华文明起源和夏文化的探索都在积极的进行之中。殷墟的发现曾震惊了世界，有理由相信，二里头将像20世纪的殷墟一样，引领21世纪的中国古代文明研究走向新的辉煌。

中国的第一个王朝

二里头，洛河北岸一个看似普通 的村庄。鲜为人知的是，这块土地下埋藏着中华民族的重大秘密：前19世纪至前16世纪，这里是中国第一个王朝的都城所在地，上演过夏的繁荣和夏商王朝更替的风云变幻。

历史记载，夏朝(约前2070年～约前1600年)，是中国的第一个朝代，也是中国历史上的第一个奴隶制国家。在夏朝建立之前，曾出现过夏部族与周围其他部族之间争夺联盟首领的频繁战争。由于禹治水有功和发展农业生产，夏部族势力增强，成为部族联盟首领。

禹死后，其子启继王位，他废除了禅让而实行父传子的王位继承方式，引起了夏朝争夺王位的激烈斗争，开始遭遇伯益的反抗，经过战争，伯益兵败被杀。夏启经过斗争，确立了王位世袭制，建立了夏朝。众多邦国首领都到阳翟朝会，启在钧台(今河南禹州境内)举行宴会，此即钧台之享。夏王朝建立以后，夏王朝内部的贵族有扈氏反对夏启继位，启动用军队镇压了有扈氏的叛乱，才巩固了夏王朝的统治。

夏启死后，子太康继立。由于太康追求奢侈淫乐的生活，先发生太康兄弟5人争夺王位的斗争，后出现武观叛乱，使得夏朝统治被削弱。

太康死后，子仲康立，仲康死后，子相

二里头宫殿遗址

玉璋·二里头文化

长48.4厘米，厚0.5厘米
1974年河南省偃师市二里头出土

立。这时东夷族有穷氏首领后羿趁夏朝内部王权之争，夺取了王位，但是不久后羿被东夷族伯明氏寒浞所杀。寒浞又杀掉了夏后相，夏后相怀孕的妻子侥幸逃生，后来生下了相的儿子少康。

少康长大后，英明神武，带领着族人，再加上盟友的相助，结束了后羿与寒浞40年左右的统治，恢复了夏朝的政权。少康死后，子杼立，他重视发展武装和制造兵甲，夏的国势开始蒸蒸日上，形成了夏代中兴的局面。

夏王朝经过较长一段时间的中兴稳定局面，到孔甲时，内部矛盾日趋激化，从孔甲经皋与发，到履癸（即夏桀）内乱不止。

由于夏王朝后期特别是最后一个王桀的暴虐无道，致使商族部落首领商汤乘机而入，率大军与夏朝军队大战于鸣条，夏桀失败，逃到安巢，并死在那里，夏王朝灭亡，商王朝诞生。

有关二里头遗址，长期存在的一个争论是有关它的文化性质，争论的内容是二里头究竟是夏代的一处都邑，还是汤灭夏后建立的都城西亳，有一部分学者持第二种观点，认为二里头实际上是汤都西亳。学术界围绕着这一问题展开了长期激烈的争论，两派学者各有自己的理由，谁也说服不了谁，最后竟成了一桩考古界的著名悬案。

最终还是有赖于1983年偃师尸乡沟商城的发现，为解决二里头遗址的文化性质提供了一把开门钥匙。尸乡沟商城的发现，是田野考古学在夏商文化探索方面的一次重大突破，它最终被确证为汤都西亳。西亳的始建被认为是夏商王朝更替的界标。因此二里头遗址应为夏王朝的一处都邑、二里头文化的主体为夏人遗存的观点开始逐渐为大多数学者所接受。

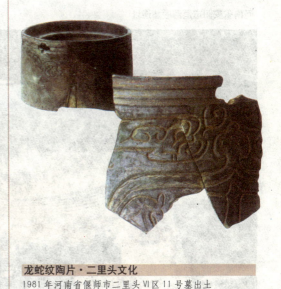

龙蛇纹陶片·二里头文化
1981年河南省偃师市二里头Ⅵ区11号墓出土

洹水安阳三千年前的帝都

殷墟遗址

位于河南安阳西郊的小屯村，乍看起来，与别处农庄毫无二致：普通的农田、农舍、农民；然而，它又是如此的神秘与不同。伫立在这片阡陌纵横的沃土，很难想像它的下面，曾经有过一座大气磅礴的大都市，先人曾在这里演绎出了一个个精彩的历史活剧，创造了与古印度、古埃及、古巴比伦齐名的灿烂文化。

中华第一都

历史在把商王朝的秘密尘封3000多年之后，选择了20世纪作为泄露天机的吉辰。

1899年的一天，清朝翰林王懿荣疟疾发作，他所喝的中药必须用一味药"陈年龟甲"作药引。正当他将龟甲碾碎放入药中时，另一位学者刘铁云刚好来探望他。刘铁云惊奇地发现，这些作药引的龟甲上依稀有些奇怪的符号，王懿荣曾研究过青铜器上的铭文，他发现这些龟甲上的符号与青铜器上的铭文十分相似。

这个无意中的发现，成就了一个考古奇迹，商代人用龟甲占卜而记录的文字——甲骨文，就这样被发现了。这个发现，磁石般吸引着许多精通上古典籍和金石文字

河南省安阳市洹河殷墟遗址

安阳商代车马坑

的饱学之士，大家的目光纷纷投向了龟甲的来源地——河南安阳小屯村。1908年，著名学者罗振玉揭示了真相，小屯村就是沉寂了3000多年的商代帝都殷墟。

这一发现也极大地激励了年轻的中国考古学家们。当时在中国，考古学已开始受到西方现代技术和方法的影响，他们渴望运用新兴的考古科学，亲手揭开商文明也是中华文明的重大秘密。1928年成立的最高科研机构"中央研究院"下设历史语言研究所代所长傅斯年，上任即以关注殷墟甲骨文为首要大事。这年8月，他委派中山大学副教授董作宾前往安阳进行调查。

董作宾此去的目的是查明甲骨埋藏、盗挖的情况，看是否值得进行系统、科学的发掘。他在实地调查后，发现殷墟遗址的发掘已到了刻不容缓的关头，"迟之一日，即有一日之损失"。傅斯年看了报告后，当即同意发掘小屯村殷墟遗址。经"中央研究院"院长蔡元培支持，特批一千银元的充裕经费，购置器材，调配人员，于1928年10月7日开始发掘。这正式拉开了殷墟科学发掘的序幕，也奏响了我国现代考古科学大

进军的乐章。

这段时间的殷墟考古发掘进行了15次，至1937年6月因为抗日战争而被迫中断。这段考古取得了重大的收获，确认殷墟为盘庚迁殷至纣灭亡的都城，殷墟文化为商代晚期文化。

1950年，一度因战火而停滞的殷墟考古又重新恢复了系统的科学发掘，郭宝钧主持发掘了王陵区内著名的武官村大墓。在深深的墓穴里，殉葬人的骸骨和墓主人奢华的随葬品惊世骇俗，郭沫若先生将其视为商代奴隶制的铁证。

50多年来，安阳殷墟的考古工作持续进行着。武官村大墓、妇好墓、郭家庄160号墓的清理，小屯南地、花园庄东地出土的甲骨，以及洹北花园庄殷墟早期大型遗址的发现等，每一次都给世人带来了惊喜。几十年来，这里已发掘五六十座宏大宫殿宗庙基址，发现大中型夯土基址和小型房子百余

虎纹石磬·商
长84厘米、宽42厘米、厚2.5厘米
1950年河南省安阳市殷墟出土
这件虎纹石磬出土于安阳武官村大墓，在它的左侧，也就是墓主墓椁的西侧，有女性的骨架24具（为殉葬的近似于乐工性质的奴隶，随葬品有舞具小铜戈）。《诗经·商颂》述殷人乐舞："鞉鼓渊渊，嘒嘒管声。既和且平，依我磬声。"磬作为殷商时期一种主要的乐器，代表了权力和地位。

座,发掘铸铜作坊等手工作坊10多处,还有上千座的祭祀坑、殉葬坑、车马坑。数以万计的甲骨、青铜器、玉石器、陶器等,不少都成了各大博物馆的珍贵藏品乃至"镇馆之宝",其华美而充满神秘感的造型纹饰每每使世人倾倒。

从1928年至今的70余年间,通过一代代考古学家的努力,昔日商代首都的轮廓逐渐清晰起来。对殷墟遗址面积的认定,从最初的约16平方公里扩大到24平方公里,现在这个数字已增加到30余平方公里。从目前已知的情况看,殷墟东西延伸约6公里,南北宽约5公里,中心区域是宫殿区和王陵区,其外为居民区和手工业作坊区,再外则是墓葬区。宫殿区和王陵区均处在洹河南北两块高地上。王室作坊分布于宗庙区周围,呈卫星状分布着家族墓地以及其他邑落。专家们通过研究还发现,整个国都布局合理,沿洹河而建。在宫殿区的西、南边都发现了相当宽阔的濠沟,均是人工挖的,起着城墙护卫的作用。

基于发掘资料的不断充实,学者们的研究范围已扩大到商代的政治、经济、文化、军事、交通、天文历法、宗教信仰等诸多方面,殷商学也成为了一门国际性的显学。

中国最早的文字——甲骨文

甲骨文是殷代帝王用龟甲兽骨进行占卦时刻写的卜辞和少量记事文字。这种卜辞和记事文字,虽然严格地说来并不是正式的历史记载,但是因为它的数量众多,内容丰富,所以一直是研究我国古代文字和古代史特别是商代历史的最重要的直接史料。

从1899年发现第一片甲骨至今,殷墟共发现带字甲骨15万片,使用单字4500多个,可认字1700多个。甲骨文是世界四种著名古文字之一,也是目前已知的中国最早的成熟文字,被称为中国古代最早的"档案库"。这些文字所记载的内容极为丰富,涉及商代社会的诸多方面,不仅包括政治、军事、文化、社会习俗,还涉及天文、历法、医药等科学技术。从已识别的1000多字来看,它已具备了"象形"、"会意"、"形声"、"指事"、"转注"、"假借"的造字方法,展

"祭祀狩猎"涂朱牛骨刻辞·商
长32.2厘米, 宽19.8厘米 1990年河南省安阳市殷墟出土

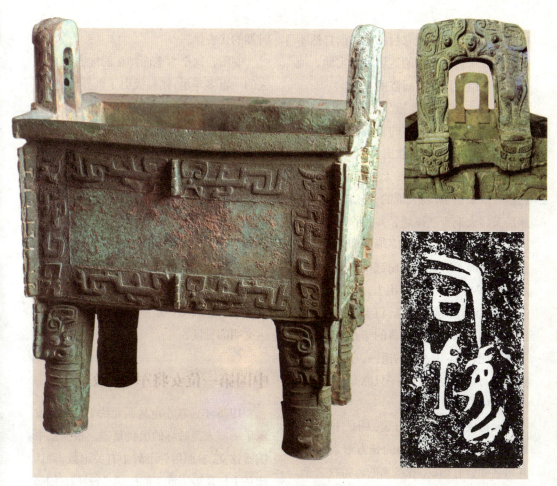

司母戊鼎·商

高133厘米，口长116厘米
宽79厘米，重875千克
1939年河南省安阳市武官北地出土

现出中国文字的独特魅力。

甲骨文已包含着书法艺术的诸多因素，从其点画、结字、行气、章法来看，浑然一体又富于变化。董作宾曾就甲骨文书法的时代特征作了划分：第一期（武丁），雄伟；第二期（祖庚、祖甲），谨饬；第三期（廪辛、康丁），颓靡；第四期（武乙、文丁），劲峭；第五期（帝乙、帝辛），严整。以时代来分，大致前期的字大，中期的字小，较质朴，晚期的字带有一些金文的特点，有的字很小，但很严谨。甲骨文体现了商代人的艺术技巧和艺术素养。

甲骨文最重要的价值，是将中国有据可查的历史提前到3000多年以前，使传说中的商代历史成为信史，世界为之震惊，牵引出了一场中国史学界的大变革。

青铜之冠—司母戊大方鼎

1939年，正值乱世，河南省安阳武官

村盗墓风气盛行。武官村的村民们自然不会忘记身居殷墟之旁的这块风水宝地，他们开始有组织地在夜间盗掘古墓。

某夜，村人的铁锹发出了一声"仓啷"的脆响，华丽雄伟的青铜之冠、国之重宝——司母戊大方鼎出土了。

因为此鼎实在太大、太重而无法搬动，私掘者取来锯子，将大鼎的一只鼎耳锯下，然后又将大鼎重新掩埋，并相约谁也不准说出此事。后来，侵华日军闻知此事，欲以重金购之而不可得。抗日战争胜利后，司母戊鼎在1946年6月重新出土，作为蒋介石的寿礼，被专车运抵南京。但当年被村民私自锯下的一只鼎耳在动荡的年月里却就此下落不明，留下了永久的遗憾。今天我们看到的司母戊大方鼎，有一只鼎耳是后来补铸上去的。

司母戊鼎，立耳、方腹、四足中空，除鼎身四面中央是无纹饰的长方形素面外，其余各处皆有饰纹。在细密的云雷纹之上，各部分主纹饰各具形态。鼎身四面在方形素面周围以饕餮作为主要纹饰，四面交接处，则饰以扉棱，扉棱之上为牛首，下为饕餮。鼎耳外廓有两只猛虎，虎口相对，中含人头。耳侧以鱼纹为饰。四只鼎足的纹饰也匠心独具，在三道弦纹之上各施以兽面。鼎腹内壁铸有铭文"司母戊"。据考证，司母戊鼎应是商王室重器，一说为商王文丁为其母而作；另一说为商王且庚、且甲为其母而作。此鼎型制雄伟，是中国目前已发现的最大、最重的古代青铜器。其造型、纹饰、工艺均达到极高水平，是商代青铜文化顶峰

时期的代表作。

安阳，这个古老而神秘的地方，在过去的一百多年里，频频吸引了世界的目光。1899年，人们在安阳小屯村发现了甲骨文，"一片甲骨惊世界"，这片土地连同中国最古老的文字一起闻名世界；1939年出土的司母戊大方鼎，贵为世界出土青铜器之冠；1976年发掘的妇好墓，出土文物数量之多价值之高令全球轰动。"洹水安阳名不虚，三千年前是帝都"，殷——这个商代后期的都城，是中国历史上第一个稳定的都城，也是当时世界上规模最大最繁华的都城之一。殷墟，是中国古代高度灿烂发达文明的见证。

中国第一位女将军——妇好

1976年，在小屯村西北约100米处发现了一座未经破坏的殷代墓室。根据墓中铜器铭文，参照甲骨卜辞中有关记载，确认此墓主便是殷王武丁的配偶"妇好"。妇好是我国史载的第一位女将军。相传妇好武艺高强，并善于带兵，后来成为商王军队的统帅，驰骋疆场。先后西征羌方，东征印方，北征土方，征战20余个方国，立下了赫赫战功。妇好死后，武丁破例在王宫旁为她建墓，随葬大量珍宝，还修了享堂，四时享祭。妇好不愧是中国古代妇女中的一位传奇式人物。

"青瓷之首，汝窑为魁"

宝丰清凉寺窑址

宋代五大名窑，汝窑排行第一。素有"青瓷之首"美誉的汝瓷，烧造历史只有短短20年，传世作品不足70件，分别收藏在北京故宫博物院、台北故宫博物院、上海博物馆、英国达维德基金会以及美国、日本和香港地区的私人收藏家手中，素称"黄金有价，汝瓷无价"。汝窑窑址已湮灭千年而不为世人所知，为揭开汝窑之谜，考古学家历经50年的寻找，终于在河南省宝丰县清凉寺村找到了汝窑。

半个世纪的寻找

在商周时已拥有了"原始青瓷"的中原大地，陶瓷文化源远流长，尤其是盛产瓷土的太行山、伏牛山一带，窑址密布，是唐宋至金元的制瓷中心，名震天下的汝窑就位于这里。在河南这样一个文物大省，各种考古挖掘任务十分繁重，但河南文物考古研究所自成立之日起，就把寻找汝官窑当作自己的一项重要任务，始终在关注着此事。

20世纪60年代，由当时的副所长赵青云带队，曾对河南全省的300多处古窑址进行了调查，却终因将重点寻找的范围局限于古汝州州治所在地(今河南省汝州市)，致使寻找汝官窑窑址的工作一直未有结果。与此同时，当地一些酷爱汝瓷的民间人士也以自己的方式在寻找着有关汝官窑的蛛丝马迹。

"清凉寺到段店，一天进万贯"，一句流传于宝丰县清凉寺一带的乡间俚语，诉说了这里曾经有过的"人车辐辏，店铺繁密"的陶瓷交易盛况，这引起了来此进行调查的考古人员的注意。宝丰也属于古汝州的管辖范围，这一带是否和汝官窑有关系呢？20世纪80年代初，一群年轻的考古工作者徒步沿清凉寺至段店进行考察，10多公里范围内竟发现有数十座窑址。他们一一做了记录，汝官窑神秘的面孔终于开始显露了。

1986年10月，宝丰县清凉寺村村民在犁地时发现了两个完整的汝窑笔洗，这引起河南文物考古界的高度重视。河南省考古研究所考古队于1987年进驻清凉寺村，展开了深入调查。他们先在村南进行了两次发掘，结果发现了两座窑炉、两个作坊和一段排水渠。在一个作坊的一角，发现了一个不足一米的小窑藏坑，出土了20多件器物，其中有七件是完整的御用汝瓷。至此，清凉寺被确认为汝官窑窑址所在地。

在随后的两年的考古发掘中，发现作

坊、水井、灰坑、澄泥池和排水沟等与制瓷有关的诸多遗迹，出土各类完整或可复原的瓷器和窑具1100余件。10年后，又进行了两次重点发掘，发现了4座烧制民用青瓷的窑炉，找到了汝官窑瓷器的单独烧造区。然而，汝窑瓷器的中心烧造区一直扑朔迷离，不肯与考古学家们谋面。

1998年12月，清凉寺村民报告一农家院内挖坑时发现耐火砖墙和御用汝瓷片，专家们立即赶到现场进行调查，在已经回填的坑边，拣到150多片指甲盖大小的御用汝瓷片。对该区进行试掘后发现，该区域内的宋代地层内几乎全是御用汝瓷，并出土了不同于民窑的匣钵、火照等窑具。

考古队大胆推断，汝窑瓷器中心烧造区应该就在清凉寺村内。但是面对密密麻麻的民房，考古队却犯了难：不搬迁农户，就无法搞清地下埋藏的情况，汝官窑将永远是个谜；而搬迁农户，又怕地下没有文物遗存，或遗迹现象少，对不起为此而搬迁的

农户。但最后还是决定冒这个险。毕竟，半个世纪的寻找积累起来的经验，使专家们对这次挖掘还是有信心的。

在国家文物局的大力支持下，河南省考古研究所组织精干人力，进行了第六次考古发掘，结果取得了撼人心扉的收获：在4户村民的房屋底下，竟清理出汝官窑窑炉15座、作坊2处、灰坑22个，以及窑炉的配套设施——2个大型澄泥池、2个釉料坑和1眼水井，并出土了一大批匣钵、垫饼、垫圈、支烧等窑具，还获得了大量精美的汝官窑瓷器标本，尤其是发现了相当数量的传世品中所罕见的新器型。毫无疑问，清凉寺村就是半个世纪以来考古学家一直苦苦

汝窑天青釉折肩瓶·北宋（左一）
高23.8厘米，口径8.8厘米，底径8.8厘米

汝窑天青釉鹅颈瓶·北宋（左二）
高19.5厘米，口径5.9厘米

汝窑天青釉细颈瓶·北宋（左三）
高19.9厘米，口径5.4厘米，底径6.3厘米

汝窑粉青釉花盏托·北宋（左四）
高4.8厘米，托径5.7厘米，盘径18厘米
1987年河南省宝丰县清凉寺汝窑址出土

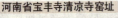
河南省宝丰寺清凉寺窑址

钧窑玫瑰紫葵花盆·北宋（左）
高15.8厘米，口径22.8厘米　北京市故宫博物院藏
哥窑投壶·南宋（中）
高20厘米，口径6.2厘米
北京市故宫博物院藏
定窑白瓷净瓶·北宋（右）
高60.9厘米，径2厘米
河北省定州市净众院地宫出土

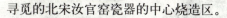

寻觅的北宋汝官窑瓷器的中心烧造区。

我国陶瓷史上的千年悬案，终于在20世纪末得以彻底了结。

中华古瓷简史

中国是陶瓷的故乡，外国人就是通过陶瓷来认识中国的，在英文中，China一词就是陶瓷的意思。

陶器的发明是人类文明进步的重要一步——是人类第一次利用天然物，按照自己的意志创造出来的一种崭新的东西。从河北泥河湾发现的旧石器时代陶片看，中国陶器的产生已有11700多年的历史。但是陶器始终是文明初级阶段的产品，它本身存在的缺陷注定了它将被瓷器所取代的命运。

早在3000多年前的商代，我国已出现了原始青瓷；再经过1000多年的发展，到东汉时终于摆脱了原始瓷器的状态，烧制出成熟的青瓷器。

经过三国、两晋、南北朝和隋代，到了唐朝制瓷业获得很大的发展，如北方邢窑白瓷"类银类雪"，南方越窑青瓷"类玉类冰"，形成"北白南青"两大窑系。

宋代是我国瓷器空前发展的时期，瓷窑遍及南北各地，名窑迭出，品类繁多。除青、白两大瓷系外，黑釉、青白釉和彩绘瓷纷纷兴起。举世闻名的汝、官、哥、定、钧五大名窑的产品为世所珍。还有耀州窑、湖田窑、龙泉窑、建窑、吉州窑、磁州窑等产品也是风格独特，各领风骚，呈现出欣欣向荣的好局面，宋代是我国陶瓷发展史上的第一个高峰。

元代，在景德镇设"浮梁瓷局"统理窑务，发明了瓷石加高岭土的二元配方，烧制出了大型瓷器，并成功地烧制出典型的元青花和釉里红及枢府瓷等。尤其是元青花的烧制成功，在中国陶瓷史上具有划时代的意义。

涧磁村定窑窑址11号堆
河北省保定市曲阳县

明代从洪武35年开始在景德镇设立"御窑厂"，200多年来烧制出许许多多的高、精、尖产品，如永宣的青花和铜红釉、成化的斗彩等都是稀世珍品。

清朝康、雍、乾三代瓷器的发展臻于鼎盛，达到了历史上的最高水平，是中国陶瓷发展史上的第二个高峰。康熙时烧制出色泽鲜明、浓淡相间的青花。郎窑还恢复了失传200多年的高温铜红釉的烧制技术。另外康熙时创烧的珐琅彩瓷也闻名于世。

乾隆时期是我国制瓷业盛极而衰的转折点，到嘉庆以后瓷艺就急转直下。尤其是道光时期的鸦片战争，使中国沦为半殖民地半封建社会，国力衰竭，制瓷业一落千丈，1911年辛亥革命的爆发，清王朝寿终正寝。长达数千年的中国古陶瓷发展史，并

粉彩御窑厂图瓶·清
高63厘米，口径22厘米　北京市故宫博物院藏
粉彩瓶以"御诗亭"为中心，正面左右边各有"御窑厂"大旗。从左右牌楼展开图景：御窑厂内，工匠、杂役进行开采、送料、拉坯、成型、施釉、吹釉、画坯、画彩、晒坯、烧窑、出窑等制瓷活动，厂厅里，管事、监工或坐或立，共绘人员61人。它表现了江西景德镇御窑厂的繁盛，也印证了御窑厂建制、分布和职能的记载。

至此落下帷幕。

今天久负盛名的中国古瓷已经成为人类文化史上重要的研究对象，它所蕴含的重要的历史价值和艺术价值，令中国乃至世界各国的陶瓷学家、考古学家以及古玩收藏家为之神往不已。

河南宝丰清凉寺找到汝官窑中心烧造区之后不久，一位叫竹林征男的日本古陶瓷收藏家带着他精心收藏的5件汝瓷，来到了他向往已久的汝瓷故乡中国河南，请专家对他的藏品作出鉴定。鉴定的结果令人遗憾，竹林征男先生不惜重金收藏的汝瓷无一例外均为仿制品，这位日本老人一时似乎难以接受。

尽管有些沮丧，但竹林先生仍觉得不虚此行，因为此次他来华，正好有幸赶上清凉寺找到了汝官窑瓷器的中心烧造区，能到生产汝瓷的这片土地上看一看，是他的平生凤愿。他一再向陪同考察的我国著名陶瓷考古专家赵青云表示，愿意出资帮助他们出一本汝瓷的书籍，只希望在编后记中提到他时，能介绍一下他是一位"中国古陶瓷鉴赏家"。

磁州窑和耀州窑

磁州窑位于河北省邯郸市观台镇，又称观台窑，是一处品种多样、富创造力的综合性瓷窑，创烧时间上自宋初，下至元代，以白地黑花瓷器享誉古今(具有水墨画的艺术效果)。它在北方民间瓷窑中最具代表性，受其影响的有河南修武当阳峪窑、鹤壁集窑，禹县扒村窑，山西介休窑等。

耀州窑位于陕西省铜川市黄堡镇，又名黄堡窑，创烧于唐，盛于宋，终于元，历700年之久，以刻花装饰的瓷器见长。宋神宗元丰年间至徽宗崇宁年间，它曾为宫廷烧过贡瓷。河南的临汝窑、鲁山窑、新安窑、内乡窑，广东的西村窑，广西的中和窑、兴安窑、容县窑，都有很深的耀州窑影响的痕迹。

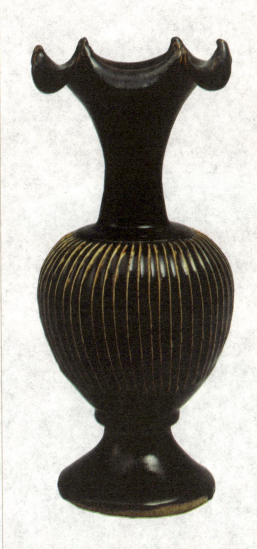

黑釉瓶·北宋
高33.5厘米，通径14.6厘米　日本东京市富士美术馆藏

陕西地区

西安半坡遗址

临潼秦兵马俑

扶风法门寺地宫

西安半坡遗址

发源于甘肃的渭河，滔滔滚滚曲折而来，奔腾东流注入黄河，横贯陕西中部。在广袤的渭河流域，支流密布，土地肥沃，人称八百里秦川，闻名中外的原始社会遗址——半坡，就位于这富饶的秦川之上，它背倚白鹿原，面临浐河，依山傍水。

发电厂施工的偶然发现

半坡遗址是1953年春在灞桥火力发电厂施工时偶然发现的。当时，国家投资的灞桥火力发电厂项目，在位于西安东郊的半坡村破土动工。随着工程的进行，奇怪的事情不断发生，大量人工磨制的石器出土，伴随着还有少量的陶器被发现。陕西是个文物大省，破土基建时经常会有文物发现，所以陕西人一般文物意识都很强，这次他们也没有敢大意马虎，把情况迅速向上作了汇报。

西安市文物主管部门了解情况后，即派专家前往视察。在工地，专家收集了

发现的所有石器和陶器，仔细进行鉴定。石器明显是磨制的，种类很多，有石铲、石斧、石锄、砍伐器等等，初步判断应属于新石器时代的遗存。陶器都是彩陶，彩陶上的图案也很熟悉，和在陕西、河南等地大量发现的仰韶文化类型陶器上的图案非常相似。初步认定这应该是一处新石器时代仰韶文化的遗址，具有重大的发掘价值，随即把情况作了上报。

1954年，中国科学院考古研究

彩陶人面鱼纹盆·仰韶文化
高16厘米，径39.5厘米
1955年陕西省西安市半坡遗址出土
仰韶文化主要分布于黄河中下游地区，承袭裴李岗文化、磁山文化、大地湾遗址等早期文化发展而来，延续时间达二千余年。这类文化的主要遗物为陶器。陶器多为手制，少量为轮制。其中尤以彩陶最为著名、最富内涵。仰韶文化分为陕西半坡型、河南庙底沟型、王湾型、大河村型、后冈型、大司空型及河北西王村型。半坡型仰韶文化遗址以西安半坡村和临潼姜寨两地的最具代表性。

彩陶人面纹盘·仰韶文化
高16厘米，径41.5厘米
1975年陕西省临潼县姜寨遗址出土

所决定对半坡遗址进行考古挖掘。在接下去的4年里，他们先后进行了5次挖掘，共探明遗址面积约5万平方米，最后揭露面积达1万平方米。现在，就让我们随着考古队员们的脚步，走进半坡村，看看他们都在那里发现了什么。

考古队最后探明，半坡遗址南北长300余米、东西最宽处近200米。在这个村落遗址的北部发掘出一段长70多米、宽深各约5～6米的壕沟，壕沟继续向西侧延伸，构成一个椭圆形。沟内是居住区，沟北是公共墓地，沟东是烧制陶器的窑区。区内居住的房屋、储藏东西的窖穴、饲养家畜的圈栏等遗址，是村落的中心区。居住区内的建筑以一条深1.5米、宽2米的小沟为界，划分为两小区，每小区的建筑物中心，有一座面积达160平方米的供集体活动的大房子，它的

周围密布着30～40平方米大小的中型房子和氏族成员住的12～20平方米的小房子。

关于半坡遗址的文化性质。考古挖掘出的文化遗存，包含有老官台文化、仰韶文化、庙底沟类型、西王村类型等等，但以半坡类型最为丰富而典型，是遗址的主要堆积。据碳14测定，年代为公元前4800～前4300年。据以上判定，半坡遗址应属于仰韶文化，学术上称它为仰韶文化半坡类型。仰韶文化是属于新石器时代晚期的文化，因最早发现于河南渑池仰韶村而得名，分布地域以陕西关中地区、河南为中心。仰韶文化的彩陶极为发达，著名的人面鱼纹盆即是该文化

半坡遗址第38号女性四人葬墓（右图）

半坡遗址的陶器

的杰作。一般认为，仰韶文化已经进入了发达的氏族社会阶段，而半坡本身则处于母系氏族社会的阶段。

半坡遗址的发掘，是我国首次对一个原始氏族聚落遗址进行大面积的揭露，并且确立了一个新的文化类型，为研究中国黄河流域原始氏族社会的性质、聚落布局、经济发展、文化生活等提供了完整的资料。

华夏第一村

半坡人居住的地方，用今天的话，应该叫半坡村。在村里，无论是方形的还是圆形的房屋，多为半地穴式，而且以小屋居多，大屋仅一座，位于中央，小屋围大屋而筑。这种环形布局，不会是无意识的，明显地体现着团结向心的精神。

那么，这些房子里又住着什么人呢？既然处在母系氏族社会阶段，每个小房子，似应住着过婚姻生活的妇女以及不确定来访的其他氏族男子，当然，也会有男女相对稳定的对偶婚，但绝不同于后来的一夫一妻制，子女仍旧是只知其母，不知其父。

居住区四周环绕一条壕堑围护，堑深6~7米，宽5~8米。夏雨时节，村落积水可以疏导到壕堑中去；而遇到有野兽袭击或外族侵袭时，壕堑便成了第一道防护的屏障，这堪称后世城壕的先驱。

壕堑北面是墓葬区，这是一片完整的氏族公共墓地。墓中死者一般都头部向西，以单人葬为主，也有二人、四人葬；有仰身葬，也有俯身葬；有直肢葬，也有屈肢葬，以及瓮棺葬。其中，成人和儿童又分开，儿童大多不葬于公共墓地内，而是置于瓮棺内，埋在房屋附近。究其原因，或许是想孩子年幼，还需父母照顾吧。

半坡人要生存下去，最基本需要有食物。获得食物的途径，一靠狩猎，从出土的许多石或骨的箭头来看，半坡人已学会使用弓箭。二靠捕鱼，他们已发明了渔网。三靠种植，半坡人大量使用石铲、石斧、石锄、砍伐器等生产工具，已进入到比较发达的原始农业阶段。他们用石斧、砍伐器砍倒树

彩陶三角纹钵·仰韶文化（左图）
高9.5厘米，口径14.3厘米
1955年陕西省西安市半坡遗址出土

彩陶鱼纹盆·仰韶文化（右图）
高17厘米，口径31.5厘米
1955年陕西省西安市半坡遗址出土
在早期半坡遗址彩陶中，动物纹特别是鱼纹多以真实的鱼类形象为准，中后期的彩陶作品中鱼纹趋于抽象，几何纹也逐渐增多，显示出清晰的审美变化。另一方面，鱼、鹿等动物出现在纹饰中则是半坡先人狩猎生活的写照。

木，芟除杂草，并放火焚烧，再用石铲翻掘土地，石锄和尖木棒挖穴点种，最后，用石镰或陶镰收获，食用时用石磨盘、石磨棒脱皮碾碎。现已发现半坡人盛粟的罐和粟腐朽后的遗物，证明半坡人学会了栽培粟。故此可以证明，我国是当之无愧的世界上农业发展最早的国家之一，也是最早栽培粟的国家。半坡人还制作了大批的彩陶。总的来看，这些彩陶或写实，如游动的鱼，奔驰的鹿，应是他们渔猎的写照；或审美，彩陶图案多在陶器外壁上部，图案逼真，笔划流利疏朗，显然具有装饰的作用；或象征，如人面鱼纹图案，人面涂彩，口部衔鱼，三角头饰，或许这就是半坡氏族的图腾或族徽。

半坡遗址的发现和发掘，为我们生动地展现了一幅6000多年前母系氏族社会的生活画卷，为我们了解人类原始氏族社会的生活打开了一扇窗户。透过窗口，我们仿佛可以看到沉睡的原始村落在晨光的沐浴中苏醒。

半坡遗址出土的刻划符号

仓颉造字的传说

半坡出土的多种器物上，都刻有符号，笔划均匀流畅，相当规整。同类符号在关中地区其它遗址中，也多有发现，从其形状看，同殷商甲骨文十分相象。二者都出现于中国北方中原地区，只是时间有别，这是纯粹的偶然吗？甲骨文会不会来源于这些刻划的符号呢？

无论如何，甲骨文已是一种很成熟很系统的文字，绝不会凭空产生。那么这些符号，到底代表了什么意义呢？

从总体上看，这些符号有一个显著的特点，就是比较抽象，从字形上几乎看不出一点象形文字的痕迹。但是经过古文字学家的研究，发现这些符号虽然看似简单，却已具备了现代汉字的基本特征，比如：这些符号在书写(刻画)时都有一定的规律，即写横都是从左向右，写竖都是从上向下，写撇都是从右上到左下，写捺都是从左上到右下，这与现代汉字的书写规则完全一致；在字的形状上，是各自独立的，已具备方块字的基本特征。

在文字产生以前，我国古代曾有过一段结绳记事的历史，使用结绳记事的部落，最先创造出的文字应该是象形文字。

刻符动物纹盘·仰韶文化
高16.3厘米，口径41.9厘米
陕西省西安市半坡遗址出土

古文字学家从种种迹象推断，半坡人创造的二三十种符号，正是我们要寻找的中国最早的文字符号，是从结绳记事的阶段向文字阶段过渡中所产生的象形文字的雏形。

过去一向传说，汉字是由仓颉发明创造的，现在看起来这种说法不太准确，因为仓颉是黄帝时代的人，比半坡时代晚了有一千多年，这中间一定会产生出一些其它的新字。"半坡人"已经发明出原始的文字符号，在此基础上，增加一些其他急需用的文字，并逐步过渡到文字记事阶段，这中间要经历相当长的时间，不是哪一个人能够完成的。

从黄帝以后起，历代帝王及一些重要人物的名字、事迹都记得比较清楚了，这说明在黄帝时代，汉字的发展曾有过一次飞跃，所谓仓颉造字，很可能就是仓颉对已有的文字进行过一次规范化的整理工作，在此基础上又创造出一批急需的新字，满足了当时社会的需要。因此，仓颉在汉字的发展过程中，曾做出过十分卓绝的贡献，这一点是应该得到充分肯定的。

7000年前的指纹申报吉尼斯

1988年，中国刑警学院痕迹检验专家赵成文教授在西安讲学时，到半坡遗址进行考察。遗址现场有许多坛坛罐罐的碎陶片，这在外行人眼里是不值一看的，但赵教授却对那些坛坛罐罐情有独钟。经过一番仔细的观察后，赵教授发现其中有4个陶罐的碎片上似乎有人类的指纹，轻轻刷掉陶片上面的灰尘和泥土，其中一个陶片上，清晰地露出了一个7000年前的制陶人左手大拇指的立体指纹。随后赵教授将指纹拍了照片，并制成了指纹模型。最近作为这个指纹的发现者，赵成文教授决定申请吉尼斯世界纪录，目前此事正在操作中。

仓颉帖·远古·仓颉
这是北宋太宗淳化年间摹刻的《淳化阁帖》中收录的一幅仓颉的书法。近现代的许多学者对此帖议论纷纭，很多人认为它是后人拟造的仓颉的书法，也有人对此持保留态度。研究者认为这些文字属于典型的篆书系统。

"世界第八大奇迹"
临潼秦兵马俑

　　1974年初,陕西关中农村发生了严重的春旱,位于秦始皇陵冢东侧、骊山脚下的西杨生产队,面临着缺水危机,队里决定打一眼机井抗旱。可是井址选在哪里合适呢?大伙一合计,觉得对着骊山的那个峪口挺不错,因为下雨的山水顺着峪口往下流,那里的地下水必定丰富。

发现"秦人"

　　社员们开始打井了。1974年3月29日,这绝对是中国考古史上一个值得大书特书的日子。这天下午二时许,一个社员一镢头刨下去,发出了"咚"的一声脆响,社员们感到奇怪,以为挖到了瓦盆瓦罐什么的。一个社员说,小心点挖,不要碰坏了,还可以拿回家去放鸡蛋。大家连扒带刨,把土清理掉,才发现是个没有头的陶制空心人身躯,这令他们大感意外。

跪射陶俑·秦
通高117厘米
1996年陕西省临潼县秦始皇兵马俑2号坑出土

　　继续挖掘,又发现了一截截陶人的残腿断臂以及若干生锈的青铜箭头。大家七嘴八舌地议论开了,有人说这底下是座砖瓦窑,有人说是神庙。大家对一个形象怪异的彩色陶质人头感到惊奇,只见他头上长角(实际上是发髻),嘴唇紧闭,双目圆睁,远不如佛爷爷那样慈祥温和,于是好些人认定这是个"瓦神爷"。

　　对这残损的"瓦神爷"的出土,社员们各有各的认识。有的认为打不出水来就是"瓦神爷"在作怪;有的老年妇女还认为打井动土惊扰了地下的"神爷",就偷偷到井边烧香叩头,祈求"神爷"不要降罪参加打井的亲人。

　　西杨村发现"瓦神爷"的消息很快被县文化馆知道了。文化馆发话先把这些文物收拢集中保管,然后觉得有必要再作些考察发掘,于是组织社员在井的周围掘了一条南北长15米、东西宽8米的大坑,结果又发现了更多的陶俑等文物。不久,一个叫蔺安稳的新华社记者为此事写了一篇报道,

秦始皇兵马俑坑
陕西省临潼县西杨村

交给了《人民日报》编辑部。

当时正值文革，报纸发表重要文章都需经姚文元过目。姚阅过此文后，联想到秦始皇是法家，报道秦俑发现可以和"批儒评法"联系起来，于是很快同意发表。此文发表后，引起了周恩来总理高度的重视，他批示组建考古队进行发掘。7月份，组成的始皇陵秦俑考古队开进了西杨村，从此他们揭开了一个轰动世界的重大发现。

考古队开始时以"洛阳铲"钻探遗址范围。这"洛阳铲"是考古人员专用的钻探工具，其形虽为铲，但此铲特别，呈圆"凹"形，细长，后有可插木棒或竹杆的柄，是特殊的"钻头"。其作用是在掘墓前先用此铲探明墓内情况，看有无可挖价值。随着铁铲一铲一铲地打下去，不时有"此处有俑"的消息传递，坑的范围越探越大，大家既惊讶又兴奋，最后探明这个俑坑为长方形，面积达1万余平方米。考古队将此坑编为"一号坑"。

至1975年7月，经过一年的发掘，秦始皇陵一号兵马俑坑终于再现2000年前的壮观场面。这是一个东西长230米、南北宽62米、面积达1.4万余平方米的长方形陪葬坑，坑的四面各有5个斜坡门道，以东边为正门；坑的四周环绕着长廊，四面长廊间有9条长达184米的东西过洞，过洞之间用夯土墙隔开，俑坑底部墁青砖，顶部是土木结构；在过洞之中赫然整齐地排列着6000多个与真人大小相同的陶质兵马俑。显然，这是一支以步兵为主的长方形军队。

不久，考古队又在一号坑东北侧约20多米处，发现了一个兵马俑坑，他们将此坑编为"二号坑"。这是一个平面略如曲尺形、东西长124米、南北宽98米，面积为6000余平方米的俑坑，大小为一号坑面积的1/2弱。内有战车89乘，驾车陶马356匹，骑兵鞍马116匹，各类武士俑约1000余尊。分为4个军阵，即由持弓弩兵俑组成的方阵、由战车组成的方阵、由车兵和步兵组成的长方阵和由骑兵组成的长方阵。这是一个车骑步兵混合编组的军阵。

1976年5月中，又在一号坑的西北侧发现了一个兵马俑坑，他们将此坑编为"三号坑"。此坑的面积小于一、二号坑，南北长21.4米，东西宽17.6米，面积仅500余平方米，还不到一号坑的1/20，但此坑形制和内容奇特，平面呈"凹"字形，东边为一条长11.2米、宽3.7米的斜坡门道，与门道相对的是一间车马房，两侧各有一条东西向厢房，即南北二厢房，车马房内有木质战车1乘，车前驾有陶马4匹，车后有武士俑1个；南厢房内有铠甲俑42个，北厢房内有铠甲俑22个。看来这似是指挥一、二号坑军阵的指挥部。

后来还勘探出一个"四号坑"，但由于这个坑尚未完全建成便被废弃，因此一般都不论及。据专家推测这是由于秦末农民起义军直逼秦都咸阳，秦二世凑集民工来作战，工程便一直搁置下来了。

秦兵马俑的神秘面纱终于被揭开了。从1974年7月到现在，考古陆续发掘出4个兵马俑陪葬坑，其阵容之庞大，气势之宏伟，充分显示了当年秦王朝横扫六国、一统

秦始皇兵马俑1号坑俑

1975年陕西省临潼县出土

秦始皇陵1号兵马俑坑中的阵列，是秦军"临时战阵"的真实场面。6000多名军士和40余辆战车、步骑混合编制矩形军阵。阵中将士临命待发、箭拔弩张、威武肃穆、惊人心魄。

天下的赫赫军威。雄壮的大秦兵马俑军阵曾在地下沉寂了两千年，20世纪的一天，关中农民的铁锨，为我们重新找回了2000多年前古代世界伟大的"秦人"。

关于兵马俑

据《史记》载，秦始皇13岁即位时就沿着骊山营建陵墓，公元前221年统一中国后，他继续驱使70万人修筑他的陵墓，历时共达36年。

墓内穷奢极欲，"以水银为百川江河大海，机相灌输，上具天文，下具地理，以人鱼膏为烛，度不灭者久之"，"宫观百官奇器珍怪徒藏满之"，"墓内设有机弩矢，以防盗掘"。

关于兵马俑的制作原因未见历史记载，所以世传多种说法：有人认为这是以秦始皇陵为京师，它是京师外围用来保卫京师的宿卫军；有人认为它是秦始皇用来显示皇威，表彰军功和宣扬统一大业的纪念碑；更有人认为兵马俑根本不是秦始皇陵的一部分。

从发掘的兵马俑情况来看，一号坑应是右军，二号坑应是左军，四号坑（空坑）就是中军，三号坑似是统帅三军的指挥机关。

然而有人或许会问，这些兵马俑何以会被视为世界奇迹呢？要回答这个问题，必须以事实来进行比较，才能得出惊叹的结论。

秦兵马俑的烧制工艺今人难以置信。高大的兵马俑重300-500千克，烧制温度在900℃-1200℃，我们惊奇地发现这些陶俑、陶马却无一件出现裂纹和变形。如今的工艺师们曾想复制一匹原大的陶马，却一直没有成功。

秦俑的发现，改变了人们对东方雕塑艺术的看法。兵马俑有的虎目圆睁，有的凝目若思，有的英武剽悍，有的雄姿英发。指挥员的沉毅、冷峻、多谋，战士的威武、刚烈、纯朴、豪爽，每个细部都刻划得逼真入微。陶马更是细致至极，个个膘肥体壮，劲健有力，把优马良种的特征和准备迎接战斗的姿态都表现得十分完美。以往人们谈及世界古代雕塑艺术史，言必称希腊，例必举罗马，至于古代东方雕塑艺术似乎觉得没有什么值得称道的。然而秦俑气势恢弘，带有肖像性和写生性特征，艺术风格简洁明快，代表了中国写实艺术的风格与特色，在世

秦始皇兵马俑彩绘战车出土情形
1980年陕西省临潼县

界古典雕塑艺术史上独树一帜，它是古代东方艺术的一颗明珠。

我们知道秦兵马俑这支带有真刀真枪的千军万马，是在2000多年前埋到地下的，其中有些青铜剑出土时非但一点没有生锈，而且还是闪闪发亮的。经测定，剑的表面经过了铬化处理，所以闪闪发亮，这种工艺，1937年德国才发明，1950年美国才掌握。

再从出土文物的数量来看，秦兵马俑坑出土文物极为丰富多彩。据粗略统计，三个坑共出土陶俑7000余件、陶马4000余匹、战车100余乘、兵器数十万件，如此巨大的数量乃是非常惊人的，在世界上是罕见的。

仅仅从以上的分析来看，秦兵马俑被称为世界的奇迹，是一点也不为过，真可谓是实至名归！

"第八大奇迹"震惊世界

秦始皇陵兵马俑的发现，如石破惊天，震惊了寰宇，国内外媒体争相报道，一时间，秦始皇陵兵马俑博物馆成为国内外游客的首选佳地。许多国家首脑参观兵马俑后都盛赞不已。

1978年，法国总理希拉克参观后说："世界上原有七大奇迹，秦俑的发现，可以说是第八大奇迹了。"从此，"世界第八大奇迹"的美誉迅速传扬开来，几乎成了秦俑的代名词。

秦始皇陵附近遗迹分布图

秦兵马俑以它奇伟的军阵阵势、高超的雕塑艺术、发达的科学技术、丰富的出土文物轰动世界。秦兵马俑的逼真写实风格，具体地把兵马俑强悍的气质、斗争的意志、地方特色、良马特点、将士个性表露无遗，并以其巨大的体形、超常的数量、绝世超群之气势、发达的科学技术来震撼人心，压服强者。难怪希拉克感慨地说："不看金字塔，不算真正到过埃及；不看秦俑坑，不算真正到过中国。"1986年10月17日，英国女王伊丽莎白二世参观时说："真是气壮山河。秦始皇这个人气魄不小。"卢森堡大公来参观秦兵马俑时，一走进展览大厅，便高兴地惊呼"不得了，不得了"。他赞叹说："这些艺术珍品达到了非凡的水平，表现了中国人民非凡的天才，全世界人民将在这里受到鼓舞。"

1978年初，美国女记者奥德丽·托平向美国《国家地理杂志》发稿："我们面临的是本世纪以来最伟大的考古发现。……我们站在雨中，激动得几乎流下眼泪……如此伟大的考古发现展示了历经战斗与荣耀的中国历史。而我们看到的大军只是一个历史的开端……"托平的报道震惊了世界。

兵马俑的烧制时间及制作之谜

中国刑警学院赵成文教授在兵马俑遗址两次看到"辛卯"刻字出在同一个地方。"辛卯"是天干地支，是农历年代，这里是公元前210年，这也是秦始皇驾崩之年。据此判定秦陵兵马俑烧制于公元前210年。俑坑中留下不少的麻草鞋印，当时的人们在夏秋季节才穿草鞋，据此进一步推测，兵马俑应是秦始皇驾崩后的秋天开始烧制的，烧制兵马俑是秦始皇临终前的圣旨。

赵成文还解析了兵马俑的烧制工艺之谜：兵马俑的腹中有个糠皮内模袋作为主体支撑，糠皮是当时的最佳填塞物，还有一点是2000多年前兵马俑制作工艺流程很具科学性，从而使得真人真马大小、百公斤重的兵马俑从泥塑、晾干、运送到焙烧，一气呵成，显示了当时中国人的高度智慧。

彩绘车马·秦

高152厘米，长225厘米　1980年陕西省临潼县出土
这是秦代的车辆实物，定名为秦始皇陵一号车，是一辆立乘驷车，俗称"立车"或"高车"。车前驾有四匹骏马，单辕、双轮，长方形的舆上插有高柄的伞盖，伞下站立一御官俑。车上装备有弩、盾等各式各样的兵器。御官俑头戴冠，身着长襦，束腰佩剑，足蹬尖履，双臂平举，手握辔绳，神态严肃恭谨。

佛指真身舍利

扶风法门寺地宫

> 陕西扶风县城北的法门镇，有一座远近闻名的法门寺，寺内有一座八棱十三层的宝塔。佛门相传，这座塔是佛祖的真身宝塔，其中藏有佛祖释迦牟尼的真身舍利子，但多少年来并没有人相信它的真实性。

千年地宫重见天日

1981年8月，八百里秦川上空乌云滚滚，雷声不断，接连十几天的瓢泼大雨不断打在这座宝塔上。8月24日上午10时，一阵电闪雷鸣，古塔上空突然腾起一个火球，接着一声天崩地裂的轰响，宝塔被从中劈开，在风雨中轰然倒塌。

佛祖真身宝塔的倒塌，引起了国内国际佛教界的广泛关注，许多人士积极奔走，呼吁有关部门重修法门寺塔。1985年，陕西省人民政府正式决定：重修法门寺塔。

1986年，重建工程队开始拆除残塔，因为塔是古建筑，所以有关文物考古部门也随之进驻法门寺。4月2日，在清理塔基时，发现了一个被土填实的井，挖掉泥土后，下面出现一块巨大的汉白玉石板。考古队员们通过石板裂缝，用手电筒照着向下一看，只见金灿灿、明晃晃一大片，"我的天！"他们高兴得大叫起来。

在大家努力下，4月4日地宫入口被找

陕西省扶风县法门寺全景图

苍松翠柏与蓝天白云无法掩盖佛指舍利的夺目光芒。经过千年历史风云变化，佛的吟诵依旧回荡在耳边：微尘映世界，瞬间含永远，现象皆因缘而生灭。生与死在这个世界已不存在，精神成为这个世界的永远。

法门寺地宫塔基及地宫
1987年陕西省扶风县

考古队员打开第四道门进入地宫后室，但见一片金碧辉煌，满眼流光溢彩——这便是人们从井筒中窥见的地方。这里最引人注目的是一个"八重宝函"，它像8个方形的箱子，一个比一个小一圈，8箱套在一起。专家们一层层打开金包银裹的七层宝函，最后是一座小巧别致的小金塔；塔身内空，有四门，当轻轻取下塔身后，只见塔座上面的金柱上，套竖着一根拇指大小的洁白似玉的管状物——第一枚佛指舍利面世了！人们看了一下时间：1987年的5月5日凌晨1时，正是夏历4月初8日，佛祖的诞辰，这难道是一种冥冥中的巧合！

接着，人们又在后室的石壁中，发现了一个被砌进去的密函，层层打开密函后，是一个黄蓝宝石水晶椁和一个壶门座玉棺，装着液体的玉棺内安放着一枚佛指舍利。这枚舍利色泽微黄，有裂纹，有蜡质感，有星星点点的白色雪花点附在上面，不如前面的那枚舍利光滑、透亮。突然，宝函上一行錾文吸引人们的视线："奉为皇帝敬造释迦牟尼佛真身宝函"。人们的心一下收紧了，紧张得喘不过气来——原来这里置放的就是失传一千多年的佛祖的真身舍利子。

后来在前室阿育王塔和中室灵帐里又发现另外2枚舍利，至此，法门寺地宫共发

到并打开。首先看到的是一个19级的斜坡，台阶上大大小小的钱币铺了厚厚的一层。在斜坡尽头，是一座被铁锁锁着的石门，打开石门，便进入甬道。在甬道与第二道石门前立着两通石碑，一为《大唐咸通启送岐阳真身志文》，一为《监送真身使随真身供养道具及金银宝器底物账》，这两块碑详细记载了法门寺真身舍利的由来以及唐朝诸帝迎奉佛骨的情况，以及地宫内密封的各种珍宝的名称、数量及质地。从物账上看，除一些难以计数的钱币衣物外，共有各种宝物2489件。后来考古人员按这个账本查找地宫中的藏物，竟一件不少，完全相符。

打开第二道石门，便进入了地宫前室。大理石地面上铺满金钱，堆放着令人眼花缭乱的金银珠宝和丝锦织物，最引人注目的武则天赏赐的金绣裙和一座汉白玉雕刻的阿育王塔。打开第三道石门进入地宫中室，迎面是一顶巨大的汉白玉灵帐，通高116厘米，上披三领金光耀眼的纯金罗蹙金团花袈裟。帐前还有4个金银包角的檀香木箱，内装鎏金菩萨像和秘色瓷等绝世珍宝。

现4枚佛指舍利。4枚中只有一枚为释迦牟尼佛的真身舍利，称之"真身舍利"或"灵骨"。其余3枚则称之为"影骨"，但"影骨"也称之"佛指舍利"，并受到与真身舍利相同的供养。

法门寺地宫舍利子的发现证实了历史记载和佛门的传说。自公元874年法门寺地宫封埋，至公元1987年重新被发现，时间已过去了1113年。

佛门至宝舍利子传奇

舍利子是梵文Sarira的音译，亦译"设利罗"，指死者火化后的残余骨烬，通常指释迦牟尼火化后的遗骨。

据佛典记载，释迦牟尼80涅槃，遗体火化后，人们在骨灰中发现了许多圆形的晶状体，共8.4万枚，这些都被统称为舍利，是佛门至高的圣物。佛涅槃后，周边8个小国的国王曾率军队争夺舍利，后被一个香姓婆罗门劝解，并主持将舍利分成8份，各自请回供奉。

释迦牟尼佛涅槃后100多年，统一印度半岛的阿育王，对过去战争中的大肆杀戮深为悔疚，于是皈依佛门，将他收集所得佛舍利全部，共8.4万枚散施世界各地，建塔供养。中国得其19枚，法门寺所得为其中第五枚。

佛指舍利（左图）

1987年陕西省扶风县法门寺地宫出土

舍利子的形成是修行的结果，自古以来受到佛教徒的敬奉。图中舍利子是释迦牟尼佛遗体焚化后，所留下的固体结晶物。法门寺内共发现4枚，形状大小相仿，惟图中表面有粉状分泌物，且具细微裂纹者，才是惟一传存的佛指舍利。

法门寺地宫后室俯瞰

法门寺佛骨受到历代统治者的尊崇，围绕这枚佛舍利还引发了贯穿唐代每30年一次的迎佛骨运动，唐代前后共有8位皇帝6次迎佛骨进宫，形成了中国佛教史上最盛大的典仪。

显庆五年(660)，唐高宗李治第一次迎佛骨进宫奉养，并与皇后武则天一起为佛骨制作了九重宝函和金银棺椁，派工匠在法门寺宝塔下修造了地宫，为佛骨舍利的保存提供了极为有利的条件。武后长安四年(704)，武则天举行了规模宏大的第二次迎佛骨入宫，并赠自身御用龙凤绣裙一件，锦绢3000匹。武则天逝世后，她的儿子唐中宗继续供佛3年，才派人将佛骨送还法门寺塔题写了"大圣真身宝塔"6个字。他还与韦皇后及长宁、安乐二位公主剪下头发送到法门寺供佛。唐朝中期，由于安史之乱，迎佛之事中断。

安史之乱平息之后，历代唐帝先后有肃宗、德宗、宪宗、懿宗、僖宗等当朝皇帝迎奉扶风塔释迦佛真身舍利。到了唐宪宗时，出了著名的大文学家韩愈"谏迎佛骨"事件。唐武宗废佛之时，寺塔被毁，佛陀真身舍利一度隐去，人皆不知所去，至懿宗咸通十二年(871)，佛陀真身舍利被九陇山得道高僧益贡章禅师在塔下请出。咸通十五年(874)正月，新登帝位年仅11岁的的唐僖宗，令将8个月前由其父懿宗迎奉来的佛陀真身舍利送回原塔，并下诏置入塔下石室封存，等30年后再开启。

唐僖宗只活了26岁就去世，而唐朝的历史到他这里也走到了尽头，自然不可能再由他来开启法门寺石室，他身后的法门寺亦几经兴废。而石室经这一封，就一直封了1100多年，直到公元1987年，才被挖开，释迦牟尼佛指真身乃重现于世间。

大内之宝—"秘色瓷"

晚唐五代时的越窑有一种"秘色瓷"，说这种瓷器是五代十国时的钱氏吴越国专为宫廷烧造的，大臣与庶民不得使用。

至于它的釉色，也像它的名字一样，秘而不宣，后人只有从诗文里领略它非同一般的风姿。诗歌文献的描写越是优美，越引发得人们去考证猜想，以致于出现了各种各样的说法。

1987年，随着法门寺塔的轰然倒塌，其中一块记录了地宫所有藏物的物帐碑，让考古专家们明明白白地知道了所有出土文物的名称。物帐碑上"瓷秘色"三字，立即让古陶瓷专家眼前一亮。这里有几件瓷器，有八棱瓶和圆口、花瓣形口的碗盘等，共同的特点是造型精巧端庄，胎壁薄而均匀，特别是湖水般淡黄绿色的瓷釉，玲珑得像冰，

绯色莲花流云纹金丝袈裟·唐
长11.8厘米，宽8.4厘米

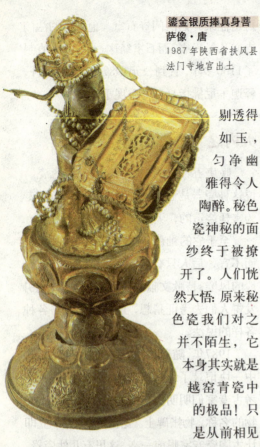

鎏金银质捧真身菩萨像·唐

1987年陕西省扶风县法门寺地宫出土

剔透得如玉，匀净幽雅得令人陶醉。秘色瓷神秘的面纱终于被撩开了。人们恍然大悟：原来秘色瓷我们对之并不陌生，它本身其实就是越窑青瓷中的极品！只是从前相见而不相识罢了。

那种八棱瓶，陕西的唐墓里出土过，故宫的学者在越窑遗址也采集到过；杭州的吴越国钱氏墓群，出土的秘色瓷更丰富、更精美，釉色更青幽。秘色瓷之所以被抬到一个神秘的地位，主要是技术上烧制难度极高。青瓷的釉色如何，除了釉料配方，几乎全靠窑炉火候的把握，不同的火候气氛，釉色可以相去很远。要想使釉色青翠、匀净，而且稳定地烧出同样的釉色，那种高难技术一定是秘而不示人的。

秘色瓷在晚唐时期烧制成功，不久以后，五代钱氏吴越国就把烧造秘色瓷的窑口划归官办，命它只烧贡瓷，专门为宫廷服务，的确是"臣庶不得使用"，这样它当然远离百姓，高高在上了。至于它的名称，偏偏不明说是青瓷，却用了一个"秘"字，着实逗弄得后人伤了一千年的脑筋。而试想一想，这个"秘"字又包含了多少实的与虚的内容，这样极富深意的名称，恐怕只有浸泡在诗歌大海里的聪明的唐朝人才琢磨得出来吧？

法门寺地宫珍宝的10个"世界之最"

1、地宫出土的4枚佛指舍利，是当今佛教界的最高圣物；

2、地宫是世界上目前发现时代最久远、规模最大、等级最高的佛塔地宫；

3、地宫文物陈设方式，是目前在世界上考古发掘中发现最早的曼荼罗密宗仪规；

4、发现13枚玳瑁币，是世界上目前发现的最为珍贵的古代货币品类；

5、一套金银茶具，是世界上发现时代最早、等级最高的宫廷茶具；

6、长达1.96米的鎏金4轮12环金花锡杖，是目前世界上发现时代最早、体形最大、等级最高、制作最精美的佛教法器；

7、13件宫廷专用瓷——秘色瓷，是世界上发现有碑文记载证实的最早、最精美的宫廷瓷器；

8、世界上古代丝绸品类和工艺品种最多的一次考古发现；

9、珍藏佛指舍利的八重宝函，是世界上发现最精美、层数最多的宝函；

10、宝函上錾刻的金刚界大曼荼罗坛场图，是世界上历史最早的曼荼罗坛场图。

陕西省主要考古地点

三彩万年壶·唐
高69.5厘米，口径12厘米
陕西省西安市中堡村唐墓出土

镶嵌金珠宝首饰·隋 长43.0厘米
陕西省西安市玉祥门外李静训墓出土
李静训墓1957年发掘于陕西省西安市玉祥门外，墓主姓李，字小孩，名静训，陇西成纪人。她的外祖母为北周宣帝皇后，祖父李崇、父亲李敏在《隋书》皆有传。这位9岁就离开人世的贵族女孩死后陪葬了大量的精美明器。上图的首饰可能是她生前所用的众多华丽的装饰品之一，其产地是丝绸之路西端的西亚地区。

宁夏、内蒙古、甘肃地区

银川西夏王陵

内蒙古 甘肃的居延汉简

武威雷台汉墓

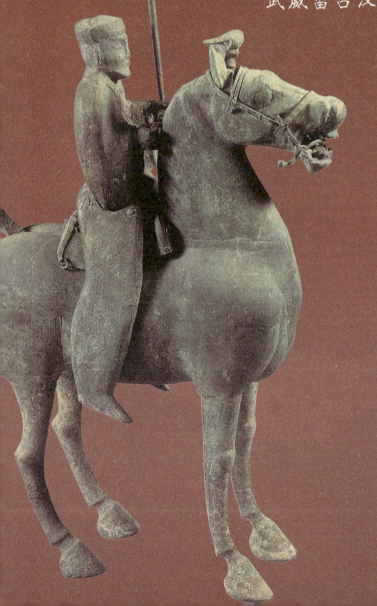

东方金字塔

银川西夏王陵

贺兰山雪大漠风，百年黄沙伴王陵。铁骑无情摧帝业，残瓦有意刻枭雄。

发现"东方金字塔"

巍峨的贺兰山，位于宁夏平原与阿拉善高原之间，峰峦蜿蜒起伏，活像一匹奔腾如飞的骏马，"贺兰"即蒙古语骏马的意思，这可能就是贺兰山山名的由来。贺兰山南北绵亘五百余里，最高峰海拔3556米，它像一道天然屏障，挡住了腾格里的风沙，是保卫富庶的宁夏平原的"卫士"。

历史上溯到700多年前，在这片西北大地上曾耸立着一个与宋、辽鼎立的少数民族王国——西夏，它享国189年，先后传十主，并创造了属于自己的文字，在中国历史上可谓是显赫一时。然而到了公元13世纪，随着成吉思汗的复仇大军的血腥屠灭，大量史籍和文物被毁，元人修史时又唯独没有为西夏编修专史，导致一代王朝被人遗忘。就像古印加文化和玛雅文化的消失一样，中国古代盛极一时的西夏文化在公元13世纪时突然消失，给后人留下了数不清的谜。西夏国及其文明被披上了神秘的面纱，西夏研究也在世界上被叹为"绝学"。

时间过了700年，随着西夏王陵的发现和发掘，世人才揭开了西夏王朝神秘面纱的一角。

西夏王陵的秘密是20世纪70年代由中国军人揭开的。1972年6月，兰州军区一支部队正在贺兰山泉齐沟一带修筑一个小型军用飞机场。一天，当几个战士在挖掘工

鸱尾·西夏
高90厘米，厚23厘米
宁夏回族自治区银川市西夏王陵8号陵出土

程地基的时候，意外地挖出了十几件陶器，还有一些形状较为规则的方砖。方砖的上面刻有一行行的方块文字，战士们谁也看不懂。报告部队首长后，这一重要情况迅速反映给了宁夏自治区博物馆。

博物馆的考古人员赶到了，在对现场保护做了必要的安排之后，遂开始进行挖掘。10天后，一个古老的墓室得以重见天日。墓室中出土了巧夺天工的工笔壁画，还有一些古代精巧的的工艺品及方砖等陶制品，方砖之上布满了一个个方块文字……经过考古人员仔细的研究和测定，认为这是一个西夏时期的陵墓。而出土的方块字正是今天被人们视作天书一般的西夏文！千年之前，西夏文明突然湮没在茫茫的历史烟尘之中，因而这项规模并不大的挖掘，对考古界人士来说，却无异于哥伦布发现了新大陆。

考古人员随即在这片荒凉土地中继续努力以寻求新的发现。事实没有让他们失望——连绵的贺兰山背景中，一片无垠的大漠上托起一个又一个金字塔形高大的黄土建筑，在广阔的西部天空下显得格外雄伟。当时，考古人员在这里时共发现有高大墓冢的陵墓15座，并按调查顺序进行了首次编号。不久，他们终于确定——这些雄伟的陵墓正是西夏皇家陵墓。人们做梦也不会想到，西夏王陵竟然像一头大漠中的睡狮一样，在这里静卧了千年之久！

此后30年间，考古人员对陵区进行了多次全面系统的调查与测绘，并不断发现新的大小不等的陵墓。发现的陵墓由15座增加到70多座，后又增加到近百座、200余座，截至1999年共发现帝陵9座、陪葬墓253座，其规模与河南巩县宋陵、北京明十

西夏王陵外景

三陵相当。专家证实，还有一些尚未发现的，以及由于贺兰山山洪等自然因素而消失的并不在少数，因此其真实的数量可见一斑。陵园东西5公里，南北10多公里，总面积50多平方公里，如此之大的皇家陵园在中国实属罕见。

没有秦陵的铺张，没有唐陵的华彩，没有明陵的气派，没有宋陵的考究，却更表现出一种磅礴的气势。难怪有关学者感叹，若能恢复西夏王陵原来富丽堂皇的建筑、松柏相映的环境和紫烟氤氲的气氛，宏大壮丽的帝王陵园景象将再现于西北边陲。

岳飞《满江红》："驾长车，踏破贺兰山阙"的名句，早已使贺兰山名扬遐迩，西夏王陵的发现，更是一举震动了世界，外国人称它为"东方的金字塔"。

掀开西夏王朝神秘的面纱

大漠黄河，沧海桑田，时光倒流千年。

贺兰山下，黄河岸边，从青藏高原迁徙而来的古老羌族的一支党项人，经过长期发展，逐步强盛起来。宋宝元元年，李元昊在兴庆府（今银川）筑台受册，即大皇帝位，国号"大夏"，因其地在宋朝以西，历史上便称其为"西夏"。西夏鼎盛时期，其疆域"东尽黄河，西界玉门，南接萧关，北控大漠，地方万余里"，包括今宁夏、甘肃、内蒙古西部、陕西北部、青海东部的广大地区，与宋、辽鼎足而立。

作为由一个游牧民族建立的国家，当时的西夏是个名副其实的军事强国，曾将

白瓷板瓦及绿瓦筒·西夏
长16.1厘米(白瓦) 长35.5厘米(黑瓦)
1972～1974年宁夏回族自治区银川市西夏王陵出土

宋神宗的十数万大军打得落花流水；经济上，西夏重视发展农业，不仅修整秦渠、汉延渠、唐徕渠等水利设施，而且还在已废弃的古渠上开凿新渠，后世称为"昊王渠"，这些渠道有的至今仍在利用。西夏在文化方面也取得了辉煌的成就。西夏人创立了自己的文字——西夏国书。西夏统治者大力弘扬佛教，境内僧人众多，寺庙林立。西夏花费了十多年时间，用西夏文翻译了多卷本大藏经，堪称稀世珍品。

但是，随着国家逐步安定和强盛，西夏统治者开始贪图安逸，日益腐败堕落。尤其是从乾顺朝开始的重文轻武、务虚废实的策略，使西夏国在其后期逐步迈向了衰落。

13世纪，成吉思汗结束了蒙古草原上长期分裂的局面，蒙古迅速强大起来，并开始对外扩张和掠夺。首当其冲的目标便是西夏。22年间，蒙古曾先后6次征伐西夏，

其中成吉思汗4次亲征。

1227年，成吉思汗第四次亲征。蒙古大军包围夏都兴庆府长达半年，威震四方的成吉思汗虽战无不胜，但在这里却遇到了西夏人的拼死抵抗，蒙古军队付出了极其惨重的代价。成吉思汗久困坚城之下，愤恨不已，降旨城破之后"殄灭无遗，以死之，以灭之"。当年，兴庆府发生强烈地震，房倒屋塌，瘟疫流行，守城军民大多患病，已无力抵抗这些虎狼，经过一番苦战，蒙古大军终于攻下了兴庆府。

城破后，带着强烈复仇心以及处于战争癫狂状态的蒙古大军，对西夏实施了灭绝性的毁灭。不但血洗都城，人尽灭，物尽掠，积聚近200年的城市宫殿、国宝史典被付之一炬，而且还将贺兰山下的皇家林苑及陵园毁盗殆尽，以绝西夏国风水。在中国

女像石座·西夏
宁夏回族自治区银川市西夏王陵15号陵出土

历史上威震一方的西夏王朝就此灭亡了，如果从党项族首领拓跋思恭建立夏州政权雄踞一方之日算起，到1227年时灭亡，西夏总共历时389年，比北宋和南宋加起来时间还要长。

风沙湮没了古国楼兰，战争的屠刀抹杀了西夏王朝，只留下贺兰山下一座座高大的土筑陵台——西夏陵，近千年来默默矗立在风雨之中，展示着神秘王朝的昔日辉煌。

"迦陵频伽"鸟的出土

20世纪末的最后一个秋天，在被誉为"东方金字塔"的西夏王陵，又传来一个惊人的消息：西夏王陵考古史上规模最大的一次抢救保护性发掘获得重大发现：一尊鸟身人面，双臂残缺的精美石雕像——"迦陵频伽"，汉语译作"妙音鸟"首次出土。

在此之前，中国考古界对"迦陵频伽"是"久闻其名，未见其形"。"迦陵频伽"是梵语的音译，汉语意译为妙音鸟，它相传是喜马拉雅山上的一种鸟，能发出妙音，后来被佛教引为"极乐世界"之鸟，并被神化成了人身鸟形的形状。《旧唐书》中曾记载元和六年中亚国家向大唐进贡"迦陵频伽"，当时进贡的应该是真正的鸟。

宁夏考古所此次对西夏陵园遗址进行大规模发掘，首次发现了迦陵频伽。这次发现的"迦陵频伽"是分模合制，不是一次成形。其整个器形为人头鸟身，双掌合一置于

青铜镀金牛·西夏
长120厘米，高45厘米
宁夏回族自治区银川市西夏王陵
101号陪葬墓出土

胸前，两手腕各饰一镯，腹部呈蚕节状，两肋和尾部各刻一窄槽，用以插装翅膀和尾翼，腹部以下连接一方形空心基座。翅膀和尾巴单独制成，翅膀大体呈椭圆形，正面印刻羽翅花纹；尾成弓背条状，形似鱼。经专家鉴定，此物就是佛典中所载的迦陵频迦。

此次出土的频迦分大小两种，大的为灰陶质，身前倾，作振翅欲飞状。头戴四角高冠，面相丰满圆润，细眉弯曲，尖鼻小口。空心基座正面饰对卷云纹，两侧贴塑鸟腿饰。小的为红陶质，头戴五角花冠，冠面饰连珠、莲花纹。发髻高耸，额发贴于冠沿下，面相丰腴而稍长，双眉弯如新月，凤眼微合下视，眉宇间有"白毫"饰，神态恬静。空心基座两侧印刻鸟腿爪。

"迦陵频伽"头面部的雕刻比较细腻，达到了相当的艺术水准。从其鼻棱眉弓看，显然是中亚人头造型，其比敦煌泥塑有更多的西方文化意味。考古界专家认为，"迦陵频伽"可与古埃及金字塔前神秘的狮身人面像和古希腊的残臂维纳斯媲美。

西夏皇裔今犹在

1994年底，一则消息震惊海内外：西夏皇裔及其家谱在古城西安被发现，西夏末帝的23世孙李培业和他珍藏的9部皇族家谱露世。一时，《人民日报》、《光明日报》、《新华社每日电讯》等，都陆续刊登了这一震惊世界的消息。

蒙古成吉思汗灭西夏后进行的大屠杀，并没有让西夏党项人绝种，他们中的一部分人隐姓埋名，辗转他乡，生存并世代繁衍了下来。在首届西夏学国际学术研讨会上，中外专家学者读到了李培业教授提交大会的论文《西夏皇族后裔考》，李培业还向世人披露，西夏皇族后世子孙繁衍不息，现主要居住在青海省湟水流域。这一新发现引起史学界的震动，自1882年英国学者巴卜尔首次在其《中国西部旅行及考察》一书中披露了西夏民族失踪的假说之后，经过中国几代学者100多年的研究考证，西夏遗民终于走进了今人的视野。

内蒙古 甘肃的居延汉简

> 我国在尚未发明纸以前，是靠在竹片或木片上书写、刀刻文字来著书立说的，这种竹简或木简就成了研究古代历史最为可靠的第一手材料，有着很高的价值。我国甘肃出土的居延汉简，可以说是众多简牍中璀璨夺目的明珠之冠。

居延汉简的传奇

1908年4月，一支来自沙皇俄国的探险队出现在今内蒙古额济纳旗一望无际的荒漠中。走在最前面的是考古学家科兹洛夫，他来这里的目的是寻找传说中西夏王国的宝藏。然而他此行并没有找到西夏宝藏，却在大漠深处找到了近万根古代简牍，而这一发现，绝不逊于世间任何的宝藏。由于额济纳河畔古称居延海，所以科兹洛夫发现的这近万根竹简也就被称为"居延汉简"。

科兹洛夫还没有从发现的狂喜中平静下来，甘肃马匪就将"居延汉简"掠夺到手，24年间，"居延汉简"在军阀们的争夺中几易其主，最后落入四川军阀刘湘手里。1932年，在民国政府的干预下，将"居延汉简"收归国有，视为国宝，存放在北京大学图书馆。

转眼到了1937年，中日战争爆发。日寇打进了北平，并将北大作为一个重点包围了起来，稀世珍品"居延汉简"随时面临着被日寇劫掠的危险。当时在北大语言音律实验室任助教的沈仲章深知这批汉简的价值和所处的危境，如果不能将其及时移出去，后果不堪设想。事情迫在眉睫，沈仲章当机立

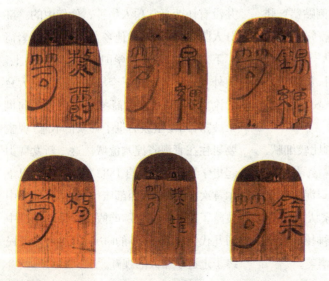

居延笥牌·汉
高10~12厘米，宽4~6厘米
内蒙古自治区额济纳河流域汉代烽燧遗址出土

断，决心冒万险也要将这批国宝抢救出来。

经过酝酿和策划，一个抢救"居延汉简"的果敢行动开始了。

一天深夜，三条黑影闪进了北大校园。他们正是抢救行动的执行人。走在最前面的机警的年轻人，就是沈仲章，随后的是语言学副研究员周佑福和工友老张。三人趁日本兵换岗之机，摸到存放汉简的房前。沈仲章熟悉地撬开窗户，灵巧地爬进室内，递出几捆东西，装进三个大麻袋，然后三人悄无声息地溜出了校园。

"居延汉简"的失落，很快就被发觉。日本宪兵在城内展开了发疯似的搜查，对交通要道的检查也极为严密。为了使汉简不再落入日本人手中，沈仲章决定把汉简转移到天津去。但要想把国宝从日军严密控制下的北平运到天津，无异于虎口夺食，谈何容易？经过冥思苦想，沈仲章决定来个"以夷制夷"之计，他将国宝分装在两个木箱内，交给中立国瑞士的伯利洋行代办托运，这样，"居延汉简"才得以顺利抵达天津。

天津也不宜久留，沈仲章决定冒险离津赴香港。他托友人买好了英国船"威廉斯"号赴港的船票。他买通登船检查员，终于顺利将国宝带上了威廉斯号。

船出了渤海湾，望着海上汹涌的波涛，他盘算着下一步的行动。他担心在船上守着两只大箱子太显眼，日本兵可能还会来盘查。于是，他伪称一富商，找到了英国船长，谎称箱内装的是朋友的古书籍，他担心路上会遇到日本人的搜查和抢夺，请船长代为保存。船长是一位留着满腮红胡子的

烽燧·汉（上图）
残高5.6米

绅士，对日本人的飞扬跋扈十分反感，便慨然允诺帮助沈仲章。

威廉斯号刚在青岛港傍岸停靠，这时海面就有11艘日本军舰向青岛港开来，船长唯恐有变，顾不得包括沈仲章等顾客多人还未上船，就急令轮船迅速起锚离去。听到声声汽笛，沈仲章一路狂奔，扑向码头，但已无法赶上远去的轮船。

一周之后，沈仲章在朋友帮助下，从青岛辗转到达了香港。两天后，"居延汉简"也到达了香港，并由香港大学教授蒋孟川先生代为存放在香港大学图书馆。

沈仲章在香港全力投入了拍摄、编印《居延汉简》图册的工作。1941年，图册书稿全部完成，只待出版了。谁知此时太平洋战争爆发，香港经受了空前的大轰炸，这部图册竟葬身火海。幸运的是，"居延汉简"逃过了此劫。

为安全起见，"居延汉简"由胡适先生设法从香港运送到了美国华盛顿，存放于国会图书馆。在胡适任台湾中央研究院院长

后，通过与美国国会图书馆交涉，将这批稀世珍宝交付给了台湾中央研究院历史语言研究所，保存于考古馆二楼之上，以后组织学者对"居延汉简"重作了研究整理，于1957年出版了《居延汉简图版之部》。

在1972年至1976年间，甘肃省博物馆、酒泉地区文化主管部门和当地驻军等单位联合组成了居延考古队，在破城子、肩水金关和甲渠塞第四燧等处又进行了发掘，获得汉简2万余枚。其中绝大多数是木简，竹简极少，这批简现存于甘肃省博物馆。这批汉简被称为"居延新简"，以别于历经磨难现藏于台湾的那一部分汉简。

截止目前，已发现的3万余枚居延汉简是国内简牍出土的最大宗，即使在全世界范围内，也是首屈一指的，这不仅因为其数量最多，更重要的是它的内容包括了当时社会的政治、经济、军事、科技、文化等各方面，具有极高的科学、历史与文物价值。

追溯汉简的渊源

居延汉简的直接来源，是汉朝破匈奴之后在居延设要塞，驻兵屯垦，从而留下的大量有关军事、政治和其他事项的文件。

居延地处沙漠戈壁间，一般史书多称其"瀚海"、"流沙"等。这里南接河西走廊，北邻蒙古高原，历来是兵家必争之地。公元前121年春，汉将军霍去病率骑兵自陇西郡出发，向西北进军，跨黄河、湟水，越焉耆山，袭击驻守在武威地区的匈奴休屠王所部，取得很大胜利，这次战役敲开了河西走廊的东部大门。不久，汉朝在这里先后建立

酒泉、武威、张掖、敦煌四郡。汉武帝太初元年(前104)，汉军经河西征大宛，据《汉书·李广利传》载："张掖北置居延、休屠以卫酒泉。"保卫酒泉就是要保证去西域的道路畅通，也就是保证西征军的后勤供应线无阻，所以"置居延、休屠"军事要塞。这应该就是修建居延之始。修建居延要塞后，汉朝长期派兵驻守；为解决驻兵粮草转运困难的问题，就在当地就地发展屯垦农业。长期的驻兵和屯垦，要有大量的军事文件来往，屯垦带来大量经济方面和政治管理方面的文献资料等等。以上就是居延汉简的由来。

居延汉简就其质地而言，可分为竹、木两类，竹质的称之为简，木制的为牍，一般都称之为简。竹质的所占比例甚微，不到1%。出土的木简的木材经鉴定，有松杉、白杨、水柳、红柳等。

综览居延汉简，其内容涉及政治、经济、军事和科学文化各个方面：

政治方面，可以从简牍中了解到汉代的养老制度、抚恤制度、吏制等内容。经济方面，关于农垦屯田的记载，在居延汉简中占有较大比例，内容涉及屯田组织、农事系统、屯垦劳力，以及农具、耕耘、定量等等。军事方面，居延汉简多是西北边塞烽燧亭鄣的文书档案，所以与军事有关的简牍可以说是比比皆是。科技文化方面，居延旧简中载有九九乘法表，如简文"五九四五，三八廿四"。同时，居延纪年简，多载有年月日，一般在月名与日序之间注明朔旦，这对核定研究两汉朔闰之排列无疑是第一手资料。

中国旅游标志铜奔马的出土地

武威雷台汉墓

地处中国大西北的甘肃省武威城北郊，在一大片密密丛丛的杨树林中，耸立着一座南北长106米，东西宽60米，高约9米的长方形人工夯筑土台。土台不知建于什么年代，因台上建有明清时代的规模宏大的雷祖殿，故称雷台。

雷台下面发现了"金马驹子"

1969年夏末，正值文化大革命的年代里"深挖洞"的特殊时期。这一天，雷台所在地武威金羊区新鲜公社新鲜大队第十三小队队长王宏尚，被通知到公社开会，那次会议的中心议题是传达毛主席的备战指示，动员全社大挖战备防空地道。

王宏尚开会回来，不禁为此事犯了难，十三队人均耕地面积只有几分田，况且地下水位高，一挖就见水，到哪里去挖地道呢？经过再三考虑，他看准了那个雷台，请

骑俑群·汉
1969年甘肃省武威市雷台出土

示有关部门批准后，便带人开始对雷台进行挖掘。

这批身强体壮的庄稼人，在雷台南面选定了一个地方，就开始为本村百余口人挖掘战备地道了。挖了20余天之后，社员们在渐渐延伸的昏暗的地道中挖到了一处坚硬的砖墙，他们马上敏感地意识到这里有一座古墓，王宏尚和在场的"革命领导小组"成员商量后，马上宣布暂停施工，并立即让施工队伍中的几名"四类分子"离开现场。他们决定挖开古墓。在一阵沉闷的砍砸声后，古墓被砸开了一个仅能容身的小洞，一只握惯锄把的大手，举着一盏绑在木棍上的电灯，伸进了黑黢黢的古墓，封闭千年的墓室第一次被20世纪的灯光照亮了。

这是一座条形砖砌就的古墓，从砖缝中长出来的植物根须密密地挂满了墓室，许多细密的小水珠悬挂在根须上，反射着灯光，放射出奇异的光彩。墓室中积满尘垢的地面上，依稀可辨地陈放着一些俑人、俑马及各种车辆，再往前，低矮的半圆形墓门外，还有隐藏在黑暗中的更大的墓室。一个性急的社员不顾危险从洞口跳入墓室中，高举电灯，在墓室中巡视。其余的人也不甘落后，纷纷跳入墓室。一个社员用棍子捣去了俑马身上厚厚的尘垢，俑马便露出了金属的颜色，大家一下子围了过来，有人大声说，"找到金马驹子了！"但紧接着有人说这不是金的是铜的。

大家再在墓中细看，原来，这是一个多室相通的大型砖墓，其中不仅陈列着铜马、铜车、铜人，还有铜坛、铜盘、铜碗、砂锅、陶瓷等物，连砖地上也铺着厚厚一层铜钱。特别使王宏尚惊奇的是，那铜坛中所盛的水，虽历时多年，竟未干涸；而有些陶片，套装起来竟是一座庙宇！

那时，王宏尚他们并不知道发现了一批世所罕见的珍贵文物，但都直觉地感到，它们是些很值钱的东西。当时队里恰巧死了一头骡子和一匹马，为此王宏尚萌发了用古物卖钱买马的念头。在和"革命领导小组"集体研究如何处理这批发现物的时候，他提出了他的想法，大家都没有异议，这样决定了以后，他们便找来几个麻袋，把所有值钱的物品装了起来，搬出地道，放进了库房里。

雷台下面挖出了"金马驹子"的消息不胫而走，大约过了两星期，这消息传到了金羊区保卫干事张有的耳朵里。他向区里领导打过招呼后，就骑着自行车来到武威城，打算找个懂点"古董"的人一同前去雷台看看，可巧在街上碰见了当时武威的文物专干党寿山，他便说："听说雷台下面挖出了金马驹子，你知不知道？"党寿山对此事还毫无耳闻，听他这么一问，不禁十分惊诧，当即便同张有一起直奔雷台而去。

他俩找到王宏尚，但他却一口否认挖出了东西，党寿山和张有无可奈何，只好亲自去雷台查看墓室。他们用打火机的微光照亮现场，只见墓中散乱地扔着许多麻钱，还有一些陶俑，而所传的金马驹子却毫无踪影了。党寿山知道，这样大的一座古墓被挖开后，不可能里面只有这样一点东西，他们再到队里去询问，但交涉了多次，都没有结果。

万般无奈之下，党寿山只好向当时的

县革委会反映情况。经过思想教育，十三生产队"革命领导小组"的成员们终于承认了错误，向县文化馆移交了被保管在生产队库房中几遭劫难的文物。不久，甘肃省博物馆派专人来武威进行了考察，回兰州时带走了两件样品，之后省里就下文件，调走了雷台出土的全部文物。

国之瑰宝

考古专家在对雷台汉墓及其出土文物进行了细致的研究之后，盛赞这是"一座蕴藏丰富的地下宝库"。

该墓出土了大量珍贵文物，金银铜铁玉骨漆石陶等器物总共有400余件，收缴墓中铺地铜钱467555枚。其中不得不提的就有那一套铜车马仪仗队。铜车马仪仗队共有99件文物，其中手持矛、戈、戟、钺等兵器的铜武士俑17件，各种铜奴婢俑38件，铜马39匹，铜车14辆，铜牛1头。武士俑衣冠整齐，庄严肃穆，左手执辔，右手举兵器，双腿跨坐马鞍上作待命出发状；奴婢俑有男有女，有坐于车上执辔驾车的"御奴"，有头梳双髻，身着长袍，随时听候主人吩咐的"从婢"；车辆有斧车、轺车、辇车、牛车等各种，每一辆车马及鞍辔等都有十数个分别制造的部件组成，可装可卸，活动自如；数十匹铜马，或昂首嘶鸣，或跳跃奔腾，雄健活泼，栩栩如生。看着这套生动雄伟的铜车马仪仗俑，人们感觉仿佛它们就是从著

名的东汉画像石中走下来的，是大量出土的东汉画像石中"车骑出行图"的立体再现。古代官宦阶层那种"车辚辚，马萧萧"，"车如流水马如龙"的出行场面，逼真地展现在眼前。

但是雷台汉墓出土的真正的国之瑰宝，还要数举世无双的铜奔马。它通高34.5厘米，长45厘米，形神兼备，气韵生动，矫健剽悍，无拘无束；昂首扬尾，张口嘶鸣，三足腾空，右后足巧妙地轻踏在一只飞鸟的背上；鸟眼似鹰，体型似燕，展翅回首，伸展的一个人眼几乎无法觉察到的奇妙的瞬间。它之所以珍贵，是因为它具有极高的艺术、科学和历史价值，是一件非常罕见、超凡脱俗的杰作。

作品刻意表现奔马正在超越飞鸟那一刹那间的情景。马的两条前腿一前一后有力地跨越在飞鸟之前，左后腿直挺在马身之后，右后腿的马蹄轻轻触及鸟背，使飞鸟回

铜奔马·汉
高 34.5厘米，长 45厘米
1969 年甘肃省武威市雷台出土

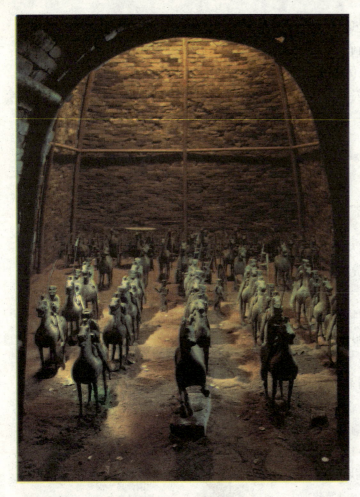

甘肃省武威市雷台汉墓墓室内部

至少必须有二三条腿腾空。但马的躯体长大，腿却细长，一条腿能站稳吗？这是一定要解决的问题。作者用一只展开双翅、有着长宽尾巴的飞鸟作为马蹄的支撑点，通过它使马蹄的着地面积一下子增大了很多倍，这样就使马能站立不倒。同时，飞鸟位于奔马腹下前部，马蹄在鸟背上，恰是奔马的重心所在，增加了稳定程度。马的前右腿和后左腿分别向前后伸直，另外两条腿则同时向下腹中心收缩，以保持躯体平衡。其次，马的躯体溜圆，可减轻风的阻力，给人以飞速奔跑的感觉。

铜奔马发现后不久，郭沫若先生来到兰州，在看过铜车马和铜奔马后，尤其对铜奔马激赏不已，当即给它起了一个形象而美妙的名字——"马踏飞燕"。1972年，周总理批准筹备文革以来第一个大型历史文物出国展，拟派一些珍贵文物到英法两国展出，起初展品目录中并没有铜奔马。当时正在北京商谈文物展出问题的英法代表团知道后，反应强烈，一再要求能包括这件珍品，后来还动员两国驻华大使出面说情。有关方面最后同意请求。当郭沫若代表中国政府向两国代表表示，同意铜奔

首惊望，自叹不如。通过奔马跑得比飞鸟还快这样强烈的对比，衬托出奔马的神速，这是极富有想象力和独创性的。作者赋予奔马以旺盛的生命力，从而使它具有强烈的震撼力。那些把马放在刻画有云纹的平板上或立体云朵上的平庸之作，怎能与之相比！

铜奔马的制造合乎力学原理，作者很好地解决了支撑点、重心、平衡、抗阻力等科技问题。首先，要塑造出立体的奔马形象，

马出国展出时，两国代表一片欢腾。当然，铜奔马在国外展出期间的保险额也是最高的，为123万美元。铜奔马走出国门后，外国观众赞之为"引人注目的明星"、"艺术作品的最高峰"等等。1983年，国家旅游局把"马踏飞燕"确定为中国旅游标志，据说，近年来已有国外专家提出建议，要将铜奔马列为世界旅游标志。

天马传奇

甘肃河西走廊地区，自古以来就是水草丰美的牧场。戎人、乌孙、月氏、匈奴先后在此游牧。位于河西走廊的武威出土了铜奔马不是偶然的。

从公元前111年至公元前67年，汉武帝派大将军卫青、霍去病击败匈奴后，在河西地区设置酒泉、张掖、敦煌和武威四郡。汉武帝意图利用这个天然牧场，增加马的数量，改良中原马的品种，加强汉军骑兵的力量。

名马出西域。汉武帝得知西域乌孙国有天马，大宛国有汗血宝马。公元前109年，乌孙王向汉朝赠送乌孙马1000匹。但汉武帝并不满足，又派特使持千金，到大宛国购买汗血马，遭到大宛国王拒绝。汉武帝于公元前103年派大将军李广利西击大宛，终于得到汗血宝马3000余匹。汉武帝为此兴奋不已，改称乌孙马为西极马，将大宛马称为天马，又亲自写了《西极天马歌》。从此，天马传奇就在中国广为流传。汉武帝得到众多良马，在河西等地设牧马苑36所，养马30余万匹，由此奠定了河西走廊作为皇家马苑的地位。

大约是由于马与古代河西走廊有着密切关系的缘故，在走廊各地西汉至魏晋时期的出土文物中，发现不少与马有关的壁画和雕塑。像武威雷台东汉墓中的这套铜车马仪仗队及铜奔马，就是古代中国人对马的热爱和崇拜达到了一个前所未有的高度和全新的境界的标志。

仪仗车·汉
长66.7厘米，高31.4厘米
1969年甘肃省武威市雷台出土
根据辕马胸前阴刻的铭文记载，这辆车为主人亲属所乘。

丝路中转站——
甘肃·宁夏·青海考古

甘肃·宁夏·青海重要考古地点分布图

1877年，德国著名地理学者李希霍芬在他的著作《中国》里，首次将古代中国与中亚南部、西部及印度之间的丝绸贸易为主的交通路线称作"丝绸之路"(Seidenstrassen)，1910年，德国历史学家赫尔曼在其著作《中国和叙利亚之间的古代丝绸之路》一书中，据新发现的文物考古资料，进一步将丝绸之路延伸到地中海西岸和小亚细亚，即它是中国古代经由中亚通往南亚、西亚以及欧洲、北非的陆上贸易交通要道，简称"丝路"。丝绸之路从中国陕西西安出发，经甘肃、宁夏回族自治区、青海、新疆维吾尔自治区、哈萨克斯坦、塔吉克斯坦、乌兹别克斯坦、吉尔吉斯斯坦、阿富汗，到达伊朗、伊拉克、叙利亚、黎巴嫩、巴基斯坦、印度、保加利亚、俄罗斯、沙特阿拉伯、埃及、塞浦路斯、希腊、罗马等国。

塑人像彩陶壶·马家窑文化
高34厘米、口径9.3厘米
1976年青海省乐都县柳湾出土
柳湾墓地位于乐都县东17公里，发掘于1974年至1978年，清理墓葬1500座，其中马家窑文化墓1129座，齐家文化墓366座，是中国史前考古发掘墓葬最多的墓地，上图壶身绘黑彩圆圈纹和蛙纹，并浮雕裸体人像，颇具特色。

金棺银椁·唐
金棺高4.6厘米，银椁高7.1厘米，铜匣高12.3厘米
1964年甘肃省泾川县大云寺出土
金棺由金片焊接成，棺盖及四壁成花形，内嵌珍珠、绿松石和石英，这套佛教用具与陕西扶风法门寺的同类物品相似。

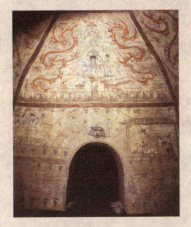

丁家闸5号墓壁画·十六国
甘肃省酒泉市出土

鎏金银壶·北周
通高 37.5 厘米
1983 年宁夏回族自治区固原县李贤墓出土

神像纹鎏金银盘·北朝（下图）

高 4.4 厘米，直径 31 厘米　甘肃省靖远县北滩乡出土

这件银盘加工精致，圈足嵌在盘底，足底錾有铭文。它的出土地点正是古丝绸之路的中转点之一，为当时西来外国客商的遗物。

外区为流行于欧洲
地中海地区及埃及
的葡萄纹，间饰有
飞禽、昆虫和其他
小动物。

最里层的一神为
男性，肩扛权杖，
侍豹而坐。

呈银锈色的已大部
脱落的鎏金

希腊神话中传说的
十二宫黄金圣斗士
(盘中为六男六女)及
其守护神，之间饰
有波斯萨珊王朝的
联珠纹。

新疆 西藏地区

东方的"庞贝"

尼雅遗址

历史上溯到公元79年，位于意大利半岛的维苏威火山爆发，埋葬了古罗马的庞培城。时间的车轮转过近2000年，18世纪开始的考古挖掘，重新复原了这座湮没城市的全貌；而巧合的是，此时一些来自东方的古写本、文物和传言流入了欧洲，"东方庞培"的猜想成为了欧洲东方学研究中的热点，同时兴起了一股去东方探险的热潮。英籍匈牙利人斯坦因就是在这种背景下，于1901年来到新疆。

斯坦因发现了尼雅

1901年1月，在经过了艰苦的沙漠跋涉之后，斯坦因一无所获地重新回到绿洲。然而就在他路过沙漠边缘一个名叫可利亚的村子时，幸运之神降临了。一个名叫易不拉希姆的村民主动跟他打招呼，村民告诉他说自己家里有两块刻着字的木简，是从沙漠深处的一座古城里拣出来的，问他要不要看一看，斯坦因当然要看。易不拉希姆像拣两块柴禾木棍一样提着两块木简过来了。斯坦因一眼就认出，上面的文字是中世纪流行于印度西北部的卡洛西提文的手写体，珍稀异常。"能说明古城的样子吗？"易不拉希姆指指戳戳地比划了好一阵，斯坦因完全明白了，那就是尼雅，他在梦中已去过许多次的地方。

易不拉希姆还在解释着："前些年我到古城里去——当然是为了找金银财宝，只可惜没有，在一间倒塌的房子底下，挖到了

这些板子。""那里的板子多吗？""多，成堆的板子，我只带回来了6件。""另外4件呢？""巴郎子(小孩)拿着玩去了。""别、别玩，快去找回来。"易不拉希姆依言追回了

司禾府印·东汉
边长2厘米，通高1.6厘米
1959年新疆维吾尔自治区民丰县尼雅遗址出土

孩子，但只找回两块，另外两块已经不知去向了。斯坦因将木简收起，给了易不拉希姆极为丰厚的报酬。"你只要愿意等，我可以给你拉一车的木板来。"易不拉希姆激动地说。"不！"斯坦因一只胳膊在空中划了一下，"接下来的事我们自己可以做。"易不拉希姆感到了被戏弄后的懊悔，后悔自己将这个秘密轻易地告诉这位外国人。

斯坦因接下来的问题是如何雇用到村民做帮手。进入沙漠深处，对历代生活在沙漠边缘绿洲的人们来说也不是轻而易举的。斯坦因的新疆之行得到英国、印度政府的资助，钱不成问题，但是没有新疆地方政府的出面也还是不行，斯坦因在这方面是极有经验的。官府加上金钱，斯坦因迅速地做好了必要的准备，匆匆地踏上了通往尼雅的道路。

斯坦因行进的路线是沿着尼雅河顺流而下，河流的尽头消失在沙漠深处，尼雅河的尽头就是尼雅古城，这比较简单。问题是如何找到埋有木简的"古城的房子"。斯坦因思考再三，还是决定用重金雇用易不拉希姆当他的向导。斯坦因到达尼雅古城的日子是1901年1月27日。一脚踏进尼雅，他就立刻意识到，他将成为这个地球上占有古代世界文物最多、价值最高的大富翁。因为在进入尼雅的第一天早上，他就在一个小小的台地上，拿到了他梦寐以求的木板文书。就是在这一天，他所获得的木板文书，就超过了此前人们所知的这类文书的总和，他兴奋得几乎要昏死过去。

在以后的日子里，每天的发现和获得都使斯坦因如痴如狂。在斯坦因接连不断地发现的各类文物中，除了佛经汉简、梵文雅语，还有陶器、铜镜、耳饰、铜戒指、铜印、铜镞、带扣、铁器、玻璃、贝器、水晶

尼雅遗址

珠饰、木器、漆器、残片和各类织物。还有些东西，则是斯坦因从未见过的，比如捕鼠夹、靴熨斗、弓箭、木盾、红柳木笔、六弦琴等。特别是那把六弦琴，它保存如此之好，尚有琴弦遗留其上。当然，后来人们知道了，它基本上就是现在维吾尔人所弹奏的乐器"热瓦甫"。所有这些，斯坦因都打包装箱，用骆驼驮走了。没法获取、带走的，是官署、佛寺、民居、畜厩、窑址、炼炉、果园、桑林、古桥、田畦、渠道、蓄水池、墓地等等，斯坦因深感遗憾。5年之后，斯坦因再一次造访尼雅。这一回，他召集了几十个人和一个骆驼队，带足了粮食和水，浩浩荡荡开进了尼雅，又取走了大量的古代珍稀文物。在尼雅，斯坦因先后四次，共发现、绘制和开掘遗址41处，掠走的文物不计其数。

斯坦因的尼雅之行，轰动了欧洲，震惊了世界。人们惊奇地得知，在"死亡之海"的沙漠之中，古代的中国竟有着如此灿烂辉煌的文化！

斯坦因发现尼雅遗址后，震惊了世界，同样也引起了中国学者关注，一些中国学者随之开始研究尼雅以及与尼雅相关的历史。杰出的中国学者王国维，不仅诗词造诣冠绝当时，更有深厚的历史功底，他最早考证出尼雅就是中国史书所载的精绝国。《汉书·西域传》载："精绝国，王治精绝城，去长安八千八百二十里，户四百八十，口三千三百六十，胜兵五百人。精绝都尉、左右将、译长各一人。北至都护治所二千七百二十三里，南至戎庐国四日行地，西通扜弥四百

尼雅1号墓地1号墓棺内状况弓、袋及箭·汉晋
弓长135厘米
1995年新疆维吾尔自治区民丰县尼雅遗址1号墓地出土
弓以木为胎，兽骨作衬，缠绕绢带，为当时尼雅人狩猎、作战用的装备。

六十里。"王国维的发现获得了考古界广泛的认可和赞赏，轰动一时。

沙海古卷——佉卢文书

斯坦因在尼雅掠夺的所有文物中，最有价值、最生动形象、最深藏奥秘的，就是著名的沙海古卷——佉卢文书。

斯坦因在尼雅所获得的木板上，书写的是一种很古老的文字，因为字形过度弯曲，读法从右至左，发音无定准，人称"驴唇文"，学术界则称之为佉卢文。佉卢文使用的年代约为公元前3世纪至公元5世纪，它首先出现在印度北部，后来广泛流行于中亚西亚。5世纪以后，这种文字就再没有出现过。它是一种死文字。目前世界各地所收藏的佉卢文文书，绝大多数出自尼雅，并且绝大多数都是经斯坦因之手。

那么尼雅的木板文书究竟是什么样子的呢？它们是用大小差不多的两块木板对合在一起，一端削成方形，另一端削成尖状，靠尖端处凿出穿绳孔可以捆绑，外面隆起处凿出方槽，用于押印封泥。文字写在底下木板光滑的内面，上面起到保护的作用。木板展示了什么样的世界呢？它记载了尼雅当时社会生活的各个方面。从民事纠纷、起誓断案，到政治军事、国际往来，无所不包。

尼雅世界之大，无奇不有，我们聊取几例以观民风：一位叫莱比亚的农民，被舍凯的士兵牵走了两头牛，莱比亚当然不

尼雅1号墓地3号墓棺

愿意，但舍凯的士兵显然不买他的账，送返了一头而另一头已经宰杀。莱比亚只好向国王控告。国王接受了他的申诉，且亲下敕谕——我们现在看到的就是这份写在木板上的敕谕。国王严令下属官员"亲自详加调查，并依法作出判决"。可以想象，有国王为他作主，舍凯的士兵就是吞下牛骨头也得吐出来。

起誓断案看来则完全是尼雅特色了。对于这种靠不住的完全靠良心发现的办案方式，尼雅人深信不疑，而且是在国王的敕谕下郑重进行，试举一例：某人将财产埋于一隐蔽处，不料却被野狗狐狸所觉察，连刨带挖，遂将财物暴露，然主人并不知道。于是，有名摩色提吉者和名钵吉耶者，便不断地从刨开的地穴中提取财物，等主人得知，财物差不多已丢失一空。当然这只是两位提取财物人的说法，而据群众监督，所谓犬狐刨挖云云，纯属胡言，财物遗失完全是该二人盗窃所致。对于这种各执一词、查无实据的案件，尼雅官商既不立案侦查，又不调查取证，而是下达泥封文书，令二人发誓明情。这就是说，你只要敢发誓，官吏就相信你说的话。这在今天的社会里，简直是不可想象的。

尼雅消失之谜的猜想

尼雅为什么突然消失？尼雅人又为何匆忙离去？是什么原因导致了尼雅文明迅速衰亡？尼雅国留下了那么多的文书，但却没有一册是直接记录他们的历史的，所有

黄蓝方格纹锦袍·汉晋
衣长122厘米、通袖长225厘米 1995年新疆维吾尔自治区民丰县尼雅1号墓地3号墓出土

文书都是官府文件，诸如管理、申述、传票、身份证明、逮捕令和书信之类，留给人们的是零星的破碎的悬念。

或许是人口的增加、植被和水资源的破坏、频繁的征战、粗放落后的耕作方式等等，或是这些原因的综合，然而其中最重要的无疑是水源的逐渐枯竭。尼雅的兴衰与水资源的变化息息相关，尼雅人的水主要是由尼雅河供给。尼雅河流量的大小，水系的变化决定着尼雅人的生存和迁移。

秦汉时期，尼雅附近高山地区的降水增多，河水流量增大，在尼雅河的尽头建立起尼雅王国。公元75年以后，哈密罗布泊一带连年大旱，加之尼雅河的发育和变化，风沙侵蚀和堆积作用强烈，致使河流来水量日益减少。今天在尼雅遗址上可看到用来取水的跳板，搭在古河道上，证明当时尼雅河水已经开始减少，环境开始恶化。

首先是灌溉用水渐感不足，在尼雅临近的楼兰就曾留下不少关于对水资源严格控制的记录，甚至不得不收纳水税。随着河水日益减少，粮食收成一年不如一年，不少耕地也因灌溉水难以保证而不得不放弃。在尼雅遗址上可以清晰看到被废弃的大片平整的古代农田。在水资源减少，粮食日益缺乏的同时，茂密的红柳林、胡杨林逐渐枯死。林木减少，沙暴越刮越烈，尼雅遗址附近有许多被风沙拦腰折断的直径超过50公分的胡杨枯树，证明尼雅沙漠化的猖獗。

沙漠化的不断扩展迫使尼雅人终于放弃了祖辈居住的家园。水是生命的源泉，尼雅河流来水从多到少以至最后断流，导致了自然景观的连锁反应，这是尼雅毁灭的根本原因。尼雅文明消失在沙漠中的悲剧告诉我们：人类如果不注意保护自己赖以生存的生态环境，即使再伟大辉煌的文明，也难免面临消亡的厄运。

回到楼兰

楼兰古国遗址

苍茫的大漠，飞扬的黄沙。

一叶扁舟顺着叶尔羌河漂流而下，进入塔里木河后再向东折，抵达孔雀河下游。最后，小舟停泊在若羌绿洲，一干人马上岸稍作停留，便启程向罗布泊荒原进发。这是一支探险队，领头的是一个名叫斯文·赫定的瑞典人，他此行的目的是寻找那个行踪不定的罗布泊。

重返楼兰

一天，当探险队正要宿营的时候，一件看似不大却性命攸关的事情发生了，他们携带的铁铲丢在了昨天停留的地方。莽莽沙海，没有水就等于死亡！而铁铲又是探险队唯一挖水的工具，没有它怎生了得？

斯文·赫定命令向导立即回去寻找。

向导是一位名叫艾尔迪克的维吾尔族农民，为了探险队员们的生命，他只好强忍着饥肠饿肚沿原路回去寻找铁铲。然而，就在他幸运地找到这把铁铲后的归途中，却遭遇了一场可怕的沙暴袭击。狂风呼啸，沙浪滚滚，险些让他丧失了性命。风沙过后，

楼兰遗址

木建筑构件·汉晋
长 55.5 厘米(上) 长 58 厘米(下)
1994 年新疆维吾尔自治区楼兰遗址出土

他睁开被沙迷了的双眼，呵，奇迹出现了，但见：一座苍老的古城，被一溜灰色的城墙环绕着，长长的街市边，布满参差不一的房屋和高大的泥塔，还有烽火台……是梦境，还是走进了魔鬼的宫殿？憨厚的农民恐惧极了，他急忙起身，穿过那空旷清静的街道，匆匆捡起了几枚古币和两块雕花木板，便迅速地逃离了这个令他毛骨悚然的地方。

然而，当斯文·赫定听了吓得半死的艾尔迪克的述说后，这位著名的探险家却激动得差点晕了过去。他兴奋地打开工作日记，飞龙走蛇地写下了这样几句话："这些精巧的蜗卷文和草叶文雕刻使我眼花缭乱了。我打算再回去，但是这想法太愚蠢！我们只有两天的水，于是我决定今年冬天作好准备，必定要回到那座古城去。"

这是 1900 年 3 月 29 日，一个平凡而又不平凡的日子，老实巴交的维族农民艾尔迪克，神奇般地在自己手中诞生了一项重大考古发现——尽管当时兴奋得几乎发狂

的是一位金发碧眼的外国探险家。

一年后，赫定的探险队又回到了这一带。寻找并不顺利，他几次出现了放弃的念头。1901 年 3 月 3 日，在穿越一片低矮的雅丹时，步履蹒跚的骆驼突然止住脚步，停在了一个挡住去路的庞然大物面前。赫定马上就认清这是一个巨大的佛塔，残存至今的建筑还有十米高，在佛塔脚下，气势恢宏的古城分布在一道运河两岸。古城如同中了魔法而睡去，异样的沉静使赫定为之震慑，似乎古城的居民刚刚匆匆离去，他们就接踵而至了。一辆马车的巨大车轮才修补完好等待重装，一个房舍木门半掩，似乎主人知道远客将临……除了佛塔，古城给人留下最深刻印象的建筑物是由四堵厚实的墙壁分割成的三间房屋。后来佛塔就成了古城的象征——城徽；建筑物则被称为"三间房"，此地出土的重要文物大都出自"三间房"墙脚下的一处有两千年历史的垃圾堆。赫定在古城收集了能见到的一切文物。

1902 年，赫定回到了瑞典。这次探险考察收获甚丰，光是测量资料就整理了 18 个月。罗布泊古城出土的文书被交给了德国的汉学家们，研究结论一出，举世为之震惊，在这流沙掩埋了十几个世纪的古城找

牛皮靴·汉
通高 23.2 厘米
1934 年新疆维吾尔自治区楼兰遗址出土

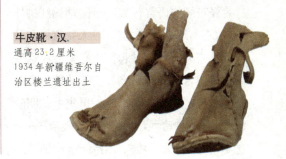

如来坐像·汉晋
高22厘米，长105厘米　新疆维吾尔自治区若羌县楼兰
遗址出土　瑞典斯德哥尔摩国立民族学博物馆藏

到的木简和残纸上都出现了此地的地名，原来，它就是见于《史记》与《汉书》记载的丝绸之路重镇楼兰！

楼兰，消失了一千多年以后，终于又一次回到了人们的视线之中。

西域古国的兴亡

在《史记》与《汉书》中，与楼兰有关的记载是不能略去不读的章节。

张骞通西域之前，汉朝对西域的知识十分有限，即便最博学的人，也免不了道听途说。事实上，首先为西域的神秘所吸引的人正是张骞和他的使团。他们走出长城的极西点阳关，在第一个接纳他们的塔里木绿洲，便生活在一群陌生人之中了。这些人相貌、习俗都截然不同，说着像"鸟鸣"一样古怪难解的语言，用芦苇秆、胡杨红柳枝为笔，书写蝌蚪般的文字。没人知道他们是从哪儿来的，自何时起便生息繁衍在这罗布泊岸边古老的三角洲，更不清楚他们的文明类型、种族从属……但史书却明确记载着，这袖珍城邦国家叫做"楼兰"——这不就是《穆天子传》、《山海经》中描述的那个神奇异域吗？

可以说，正是汉武帝经营西域的雄才大略，才将这僻处天之一隅的楼兰王国引入史册。而户口只有1.4万人的楼兰，也从此就成了汉、匈奴两强争夺西域控制权的重地。从此在罗布泊岸边的绿洲，上演了一出出生动曲折的历史壮剧。

楼兰臣服于匈奴，致使汉的西行通道梗阻难通。汉昭帝时，汉朝派特使傅介子前往楼兰王国，想一劳永逸地解决这个问题。傅介子面见楼兰王尝归(或作当归)，酒过三巡之后，傅介子对楼兰王说皇帝有要紧话要我转告，只有你一个人能听。尝归离开随从，跟傅介子进入军帐，帐内早埋伏好的两个刺客冲上前，刺杀了亲匈奴的楼兰王。尝归的弟弟尉屠耆一直在汉朝作质子，在感情上反感匈奴，倾向汉朝。为了稳定大局，汉昭帝就立尉屠耆为新楼兰王，使形势变得对汉有利。

东汉初，楼兰再次归附匈奴。步傅介子后尘，史官班固的兄弟班超力挽狂澜，仅仅依靠36名勇士在楼兰城郊劫杀匈奴使节，为汉朝重新确立了在西域的权威。而在班固笔下，楼兰是《汉书·西域传》头一个重点介绍的对象。一定程度上，楼兰是丝绸之路通畅与否的关键。所以有人曾将楼兰比作控制东西方交通的"水龙头";而西方史学家孔拉特则说,楼兰古城的兴衰,是一通紧张的中亚世界史的纪念碑。

一首著名的唐诗说:"青海长云暗雪山,孤城遥望玉门关。黄沙百战穿金甲,不破楼兰终不还。"这是留在唐人记忆中的楼兰。"二十四史"中最后一部对楼兰王国作了专门介绍的正史,是北朝之一北周的《周书》。也就是说,公元前2世纪,楼兰这个神秘王国突然出现在汉代的典籍上,又在公元6世纪的南北朝时抽身退出史官的视野。公元7世纪,唐三藏从印度驮着经卷东归,在路经罗布泊时,楼兰已经是满目荒凉,不见人烟。

楼兰,这个建国至少有七八百年历史、生命力极其顽强的绿洲王国,就像一个流经沙漠的内陆河,谁也不知道它的来历,谁也不明白它怎么会在一个转弯处就消失得一干二净。

罗布泊大探险

斯文·赫定重新发现楼兰之后,在20世纪30年代之前,楼兰宝藏成为了许多国家探险者眼中的猎物,罗布泊就是他们冒险的乐园。

继斯文·赫定之后,英籍匈牙利人斯坦因、日本人桔瑞超以及俄国人奥登堡等,都曾在楼兰进行所谓的"考察",掠走了不知多少珍贵古物。然而,有关楼兰兴衰存亡的一系列问题始终是一个千古之谜……

真正揭开楼兰的神秘面纱,则在艾尔迪克发现楼兰遗迹80年之后了。1979年秋,中日合拍《丝绸之路》电视片,邀请新疆考古所的考古人员和他们同行进行考古调查。在罗布泊的漫漫黄沙中,考古队在通向楼兰的孔雀河下游发现发掘了大批古墓,墓中出土了风化的女尸——即有名的"楼兰美女"。除了女尸之外,墓中还出土了木器、骨器、角器、石器、草编器等器物。经测定,这批墓葬至今已有4000年之久,与中原夏商时期相当。

次年3月,考古队又一次进军沙漠,对楼兰古城再度进行规模空前、声势浩大的全方位考察和发掘。跨过库鲁克塔山脉,穿过戈壁滩,他们初战告捷,在孔雀河附近,神奇地找到了那条碾压着深辙轮印的古道——"丝绸之路"!接着又在前进桥北面的一座化石山上,发现了许多类似核桃大小,距今约有1.2亿年的海燕化石。它的发现,表明了罗布泊洼地古时曾是广阔的海洋。两传捷报,士气大增。考古队赶着驼队,继续向楼兰进发,经过两个昼夜的艰难跋涉,终于到达楼兰古城遗址。考古大军进驻楼兰,安营扎寨,再次唤醒了沉睡千年的沙漠古城,窥见楼兰王国昔日的风貌。

楼兰古城总面积约10万平方米。城中著名的"三间房"遗迹是行政区官署,粗高的门柱和涂着朱漆的雕梁画栋,表明这里是古城的权力中心,也是古城豪华的住所。城南是居民区,居住着约1.4万人,残存的一片红柳夹芦苇筑墙的矮屋,显示出这里是中国宅院式建筑，分正房和厢房。屋后果园和清理出的日常用品，反映出当时平民的生活情景。城东有一座高大的佛塔，5里外有一座佛寺，可以窥见当年这里香烟缭绕的宗教气氛。城东北残存的土堆，是汉代驿站遗迹。古城以一条穿城而过、与城外河道相连的古淡水渠道为中轴线，街道纵横分明，建筑错落有致，环城四周有集中的墓地。在城里发掘了大量文书及木简；还有汉代的五铢钱，也有贵霜帝国的铜币；既有汉代的丝织品，也有波斯的壁画，甚或希腊、罗马以及以雅典娜为图案的工艺品；加之各国的陶器和漆器，可谓蔚然大观，令人惊叹不已！

这一切都勾勒出了楼兰人生活的各个侧面，再现了楼兰昔日的辉煌，也显示了此地在中西方交通、交流及商贸上的重要地位。闻名遐迩的古丝绸之路，西出长安，经著名的敦煌，向西绵延至楼兰，使这个曾经水土肥美的古城成为中国对外交流的枢纽和颇具规模的国际性中转城市。

然而，任何事情都是物极必反。丝绸之路开通使楼兰成为重镇后，楼兰的地位逐渐变得重要起来，越来越多的行政官员、军人、僧侣和平民百姓以及过往商旅在这里停留甚至定居。

为了解决人口增长带来的食粮问题，就要开垦耕地，发展农业，楼兰的发展开始不受控制。这种盲目性的发展，终于超越了环境的承载力，于是楼兰似乎在一夜之间被击倒了，它曾有过的所有繁华与文明，最终都深埋于黄沙之下！

"楼兰美女"的发现

人类文明史上有许多令人振奋的发现，

彩绘木棺·汉
长201厘米，宽50~59厘米，通高42.8厘米
1998年新疆维吾尔自治区若羌县楼兰遗址出土
木棺明显受到中原文化的影响，以金乌和蟾蜍象征日、月，图案框架内用黄、绿、黑、褐色绘流云纹。

似乎都是偶然的。100余年前斯文·赫定的向导——维吾尔人艾尔迪克在寻找丢失的铁铲时偶然发现了楼兰；10年前一位游客骑马走在吉萨高原上，突然掉进一个坑里，于是发现了金字塔建造者的秘密。同样，要不是寸草不生的沙土中露出的枯树枝，也不会发现"楼兰美女"。

1979年，新疆考古队随行《丝绸之路》拍摄组一探楼兰时，在罗布泊北端的铁板河河湾处逗留了4天。偶然地，他们在一个寸草不生的土阜顶上看到了一些干枯的树枝和芦苇秆，考古队据此估计这里可能有古人活动的遗迹。将上层的浮土清除掉后，下面果然显出了一座古代罗布泊人的墓葬！考古队员们异常欣喜，他们用了一天时间，先将古墓周围的积土清除，然后小心翼翼地将填压在死者身上的树枝芦苇秆取了下来，墓穴中躺着一具完整的古代罗布泊人的尸体，是一具女尸。令人大感意外的是，考古队员清楚地看到，这个古罗布泊女

新疆维吾尔自治区若羌县楼兰遗址

人，是那么地漂亮，那么地栩栩如生：黄褐色的披肩发蓬松地拥着瘦削清秀的脸庞，鼻梁棱棱的，眼窝深深的，睫毛长长的，下巴颏尖尖的，双眼皮的大眼睛眯缝着，薄薄的嘴唇紧闭着，褐色的皮肤和指甲也都保存完好。她的嘴角依然挂着历经近40个世纪尚未消失的神秘微笑。这时不知谁喊了一句："楼兰美女！"于是，"楼兰美女"的美名就此传开了，并广为世人所皆知。

人像锦·晋（右图）
长14厘米，宽13厘米
新疆维吾尔自治区若羌县楼兰遗址出土
印度新德里国立博物馆藏
图中的人像富有强烈的立体感，这种处理方法常见于绕地中海地区的罗马、希腊、埃及和西亚的环形地区。这面锦极有可能产于上述地区。锦中左部人物已尽去，仅剩衣角；右部人物浓眉深目、高鼻细唇，手擎两蛇相交的权杖。

"西北旧茔"

吐鲁番阿斯塔那古墓群

> 吐鲁番古称高昌，《西游记》故事里的火焰山就位于这里。在高昌城北两公里处，有一片古墓群，它是晋唐之间高昌国官民的公共墓地，墓中的死者大多数都是干尸，这就是神秘的阿斯塔那古墓群。"阿斯塔那"一词源于古回鹘语，意为"京都"，而其汉名是"西北旧茔"。

"西北旧茔"

历史上，在这片古墓盗墓窃财的现象时有发生，不少珍贵文物随之出土，清末一些学者对此进行过专门研究。据考证，《新疆图志》卷八十九中所记，是目前所知有关阿斯塔那古墓出土干尸最早的文字记载。

1912年3月，日本大谷探险队的桔瑞超和吉川小一郎，在阿斯塔那古墓地进行了发掘，外国探险家首次在这里发现了干尸。下半年，吉川小一郎又独自一人在这里进行了两次发掘，获取大量干尸。他们将干尸装箱，于1914年运到了日本。这次运往日本的阿斯塔那干尸共有10具，计有男尸5具、女尸4具、小孩尸1具。

1914年，英籍探险家斯坦因又一次来到他所钟爱的新疆。在阿斯塔那，他主持了大规模的发掘活动，一共挖掘了48座墓葬。走时，他带走了大批珍贵的文物以及一个男性干尸的头颅。1930年，中国的黄文弼在此进行过发掘。1946年，朝鲜族画家韩乐然在阿斯塔那发掘墓葬4座。1947年，记者杨

高昌故城

帆群在阿斯塔那发掘墓葬11座。

以上是解放前，对阿斯塔那古墓群进行的历次考古发掘。挖掘者主要是外国探险家，他们利用中国政局的混乱，对阿斯塔那进行了大肆的私挖盗掘，使得大批珍贵文物流失到海外。

解放后，新中国的考古工作者从1959年开始，先后对阿斯塔那进行了14次考古挖掘。共清理晋唐时期的古代墓葬467座，出土干尸、文书、丝毛棉麻织物、墓志、钱币、泥塑木雕俑、陶器皿、绘画、农作物、瓜果食品等各种丰富的历史文物上万件。

从阿斯塔那墓葬可以看出，这里长期盛行家族葬，地表有许多用砾石围成的方形坟院，由数座以至数十座墓组成，依据辈份不同，按照一定的顺序排列。墓葬形制以斜坡墓道洞室墓为主，也有少量的竖穴偏室墓，地面一般都有砾石封土堆。有的墓室较讲究，死者是一些高级官吏，如北凉"冠军将军都郎中高昌太守"沮渠封戴和曲氏高昌国时期的一代名将张雄，死后都安葬在这里；有的墓室简陋窄小，尸体用破毡柴草裹捆入葬。可见这里是高昌城内居民的公共墓地，包括一般平民都可以入葬此中。根据出土的墓志记载，东北面被称为"北陵"，应该也是高昌王室的墓区。墓中出土的文字资料，绝大部分是汉文，也有少量的粟特文资料。出土文书中可以见到许多显然是少数民族的人名，表明这片墓地的主人以汉族人为主，同时有车师、匈奴、氐、鲜卑、高车、昭武九姓等其它民族。

阿斯塔那墓地的葬具，使用木棺的不

纺织物·汉晋
新疆维吾尔自治区尉犁县营盘15号墓出土

多，这显然与当地木材缺乏有关。还曾经出土过一件奇特的葬具——纸棺。墓内尸体大多数都是直接停放在苇席上，单人葬铺一张苇席，双人合葬墓铺二张苇席，这是当时最普遍流行的埋葬方式。由此还可以推知，高昌人的日常生活中也普遍使用着苇席。

与这片"西北旧茔"有关的历史，大约始于西晋，一直绵延到唐朝中期。西晋没有维持多久即行灭亡，随之进入的是东晋十六国和南北朝。这一时期，前凉张骏于咸和二年(327)始置高昌郡，从此直至魏太平真君三年(442)是为高昌郡时代。太平真君三年之后，沮渠氏、阚氏、张氏、马氏、麹氏先后在此建立高昌国，史称高昌国时代。唐于贞观十四年(640)灭麹氏高昌国，并在其地设立西州，是为唐西州时期。唐中叶后，由于战乱，"西北旧茔"遂废止不用。

阿斯塔那古墓地，以其出土的数以万计文物和干尸而名闻于世，是一个名符其实的"地下博物馆"。

珍奇的干尸

　　阿斯塔那古墓地迄今已出土干尸达数百具，数量之多，在我国未有先例，在世界上也是一个奇迹！这些珍贵的古代人体标本，受到考古学、体质人类学、历史学、民族学、民俗学、宗教学等多学科学者们的高度关注。

　　斯坦因从阿斯塔那带回去的那个男性干尸的头颅，他认为可能是一个匈奴人。英国的体质人类学专家基思对之进行了分析后，结论是蒙古人种的成员，但在许多细节上又不同于典型的汉人或蒙古人的头颅，有些趋向于欧洲人或高加索人种。这是因为新疆自古以来就是一个多民族共同生活居住的地方，也是东西方人种的交错地带，素有"人种博物馆"之称。

　　墓中出土的大量干尸，历经千年保存都非常完好，包括死者的服饰、发式等，这些都是十分丰富的历史文化信息。吐鲁番博物馆陈列的干尸中，有一代名将张雄。高昌张氏原籍今河南南阳，为避中原战乱，历经河西迁至高昌，后来世为高昌大官显宦。张雄生前是高昌王国宫廷侍卫军的首脑人物，任侍郎、殿中将军，死时年近57岁。张雄干尸皮肉收缩，肚腹低陷，周身呈土黄色；其脸型瘦削，束假发(部分缠成发髻，部分散披项肩)，系仿当时突厥人的习俗；干尸身长1.68米，推断生前身高有1.72~1.73米，体重68~73公斤；阴囊膨大，可见突入阴囊的肠

干尸·汉晋

新疆维吾尔自治区尉犁县营盘15号墓出土

子，说明他生前患有"腹股沟斜疝"。北京自然博物馆复原的张雄像，手捻胡须，略显沉思地望着远方，形态逼真，栩栩如生，再现了当年运筹帷幄、安详泰然的神态。

这些干尸形成的原因，是人们最普遍关心的一个问题。这得从当地的气候和地理环境来考察。吐鲁番盆地是一个山间盆地，盆底艾丁湖，低于海平面156米，是我国陆地最低的地方。盆地阳光辐射强烈，四周又有博格达山、喀拉乌成山、库鲁克塔格山、库姆塔格山等高山环绕，热量难以散发，造成盆地内部高温。盆地中心夏季最高气温可达摄氏47.6℃，全年高于35℃的炎热日在100天以上，高于40℃的酷热日超过40天。地表温度多在70℃以上，有过82.3℃的纪录，当地素有"沙窝里烤熟鸡蛋"、"石头上烤熟面饼"的说法。盆地位于欧亚大陆腹地，四周又有高山阻挡，因此降水极少，全年降水量平均约16.6毫米，而蒸发量则高达3000毫米左右，空气异常干燥。正是这种极度干旱的气候条件，为吐鲁番干尸的形成提供了大环境。

其次是地下水远离地面的原因。吐鲁番盆地内的用水，主要依靠北面天山的雪山融水。源出天山的雪水，奔出山口后大部分迅速转入地下，而横卧于盆地中部的火焰山山体犹如一座地下水库的天然大坝，阻挡了来自北部的地下水源，致使位于火焰山南侧的阿斯塔那古墓的地下水位，深离地面20余米。低位的地下水，使地表上层被强烈蒸发带走的水分得不到应有的补充；离地面只有三五米深的墓穴穴底远离

地下水位十余米；墓穴周围是土质疏松透气性强的风蚀流沙地层；炎热季节，地面高温，整个墓穴犹如一个天然的"干燥箱"，尸体得以快速脱水而干枯，这就使得大批干尸保存下来。

中国的"斯芬克司"

相传在很久以前，世上有种两头鸟，这种两只头的鸟生活在极寒冷的雪山上，当一只头醒着时，另一只头便睡觉。一天，醒着的头看见一朵香花，觉得吃了有好处，便独自吃下了这朵香花。睡着的头醒来后知道了这件事，非常妒忌，终于有一天，当它醒着时，看见了一朵毒花，便吃下了这朵毒花，毒死了另一只，也毒死了自己。这是个古老而传奇的佛经故事，喻示了个体和整体休戚与共的哲理。1979年在阿斯塔那古墓地出土了这幅公元5世纪的"共命鸟"纹刺绣，为我们再现了这个传说故事。

阿斯塔那古墓群，出土各种珍贵文物达万余件，这里蕴藏着智慧的宝藏和数不清的神话故事。就是在这里，考古学家曾先后

共命鸟像·唐
高11.5厘米　新疆维吾尔自治区库坦出土
日本东京市国立博物馆藏

在许多古墓中发现了麻质和绢质的《伏羲女娲图》，这引起了世人的高度关注。

伏羲和女娲都是我国古代传说中的天神和人类的祖先，据说伏羲专管农、牧、渔业，女娲负责人间婚姻嫁娶的人伦礼法。根据中国男左女右的礼俗，伏羲在左，执矩；女娲在右，拿规。伏羲和女娲皆人首蛇身，蛇尾交缠。头上绘日，尾间绘月，周围绘满星辰。构图奇特，寓意深奥，富于艺术魅力和神秘色彩。近年来有人称之为"等待着未来觉醒"的神秘符号，也有人称之为"中国的斯芬克司"之谜。

当我们审视这些从阿斯塔那墓葬中出土的一幅幅气韵生动、与死者相伴千年的伏羲女娲图时，不禁会问，我们聪慧的祖先，为何要用这种人首蛇尾形象并以双螺旋线形式扭缠交合来表现人类的繁衍呢？更令人惊奇万分、大惑不解的是，古代先民这种螺旋线结构形式产生的生命的奇想，居然在今天的人类科学研究中找到了根据。

1953年，科学家发现，生物的一种基本遗传物质脱氧核糖核酸的分子结构——一种双螺旋线的结构形式，竟然与阿斯塔那墓葬中表现化生万物的人类始祖形象相似。古代神话被现代科学所印证：原来这人首蛇尾、扭缠交合、化生万物、繁衍人类的伏羲女娲图千古之谜的谜底是——生命遗传基因。断壁残垣间流淌出来的恢宏气势不禁让人感慨万千，阴曹地府里折射出来的生命之光足以启人遐思。

伏羲女娲像·唐

纵 220 厘米，横 81～106 厘米
新疆维吾尔自治区吐鲁番市阿斯塔那出土
印度新德里市国立博物馆藏

神秘的西藏王国

古格王国遗址

如果说，在这个世界上西藏曾是一个秘境的话，那么西藏西部的阿里可以说是秘境中的秘境，长期以来，人们对它甚至一无所知。这里南有喜马拉雅山脉，北有冈底斯山脉，冈底斯山脉的主峰岗仁布钦峰早已名扬天下，它是印度教、耆那教、苯教和佛教的共同神山，是亿万人心目中的精神和信仰。

探索秘境中的王国

然而，就是在这样一个几乎与世隔绝的地方，曾存在过一个绵延500年、由古老的吐蕃王室后裔建立的古格王国，它创造了辉煌的佛教文明，留下了无数的传奇故事，当这个王国消亡于战争之后，它还留下了雄伟的宫殿和众多的遗址。但多少年来，它一直不为外人所知。

第一个走进阿里见到这片遗迹的人，是意大利著名藏学家杜奇教授。上世纪30年代，当他偶然发现了这个秘境中的庞大王国遗址群时，不禁被深深地震撼了，他感慨在生存条件如此恶劣的地方、生命的禁区，居然存在过一个如此辉煌灿烂的文明。杜齐教授徜徉在阿里先人留下来的文明之中，在宫殿、寺庙、城堡的遗址间流连忘

返，三年之中数进阿里，对古格遗址进行了初步调查，但是由于种种原因，他的调查并没有深入下去。杜齐最后临走的时候，曾经这样预言古格的后来人和古格的未来："虽然他们要经受艰难困苦，但经过他们的努力，古格有一天终会为世界所知，并成为世界上最吸引人的地方之一。"

让杜齐教授的预言得到应验，接过他的考古接力棒的，是考古学家张建林，但时

西藏自治区阿里札达县古格王国遗址

间已经是50年后。

阿里的古格遗址在20世纪80年代引起国家的重视，由国家文物局组织了一支考古队，在年轻考古学家张建林率领下，对古格遗址进行了大规模的考古调查。当张建林率领着他的考古队员们长途跋涉，强忍着几乎难以承受的高原反应，历尽艰辛来到阿里，重新找到这片遗址时，他们眼里看到的是这样一幅景象：

距离古格亡国已有三个半世纪之久，这座依山而建的王宫，任凭西藏干燥的天气所蒸发，风化加剧。如果仅仅是干燥也就罢了，在雨季的夏天里又时常暴雨如注。就这样年复一年，曾经致密的土质材料变得松脆，一点一点粉碎，纷纷扬扬化作尘埃，断壁残垣一应突显的部位皆被磨损了棱角，昔日的都城正在悄无声息地回归自然。古格遗址的考古和保护工作已到了时不我待的地步。

张建林带领着他的队员们，首先进行清理编号工作。编号相对来说简单，只消搬

面具·古格王国

高6.2厘米　西藏自治区阿里札达县古格王国遗址出土基督教在古格王国后期传入阿里地区。这副面具系由葡萄牙文《圣经》糊成。

来一块大鹅卵石，在上面写上阿拉伯数字，摆在各处遗址中即可。但这是科学研究的第一步，其意义就在于第一次有人来从事这项工作。古格王宫遗址大大小小的殿堂洞窟遍布整座山坡，最后大大小小的殿堂洞窟都被张建林和他的队员们一一走过，并且用工具一一测量过。我们由此得知，古格都城遗址总计残存有各类殿堂房屋445座，各类洞窟879孔，碉楼58座，各类佛塔28座，另有塔墙1道，防卫墙10道，隧道与暗道4条，遗址总面积共达72万平方米。

1985年首次对古格遗址进行的全面踏勘，取得的成果令人振奋，相应地也提出了一系列新的问题。但当为解决这些新问题第二年重返古格时，考古队却又遇到了意想不到的挫折。张建林一行在阿里的考古活动受到了阻挠。受阻原因是阿里地方忽然意识到古格遗址的重要性，从而空前珍视它，张建林手持的自治区有关部门介绍信被认为不够资格，并由札达县公安局出面，监视他们的行动。在等待请示自治区政府回电的日子里，张建林和他的考古队心急如焚，就这样困守了7天。

张建林觉得不能再等下去了，在一个月亮升起的夜晚，大家背上了行李，避开大路，绕山间小道潜往古格。跌跌撞撞走了大半夜，到达古格遗址时月已西沉，古格的西沉月依然明亮，斜斜地照进山洞，大家看到地上有张铁皮，赶紧铺开行李和衣而卧。剩余的夜晚就在这冰冷且坚硬的铁皮下的泥地上辗转反侧，艰苦不说，还有委屈，考古队员们不由得自问：千辛万苦为的什么？

当太阳高照的时候，古格看守人旺堆老人前来干预了，老人已奉了上级严令，劝阻擅自前来的一应人等。老人用汉话说："我们关系的不错，你们工作的不行。"随后就是漫山遍野的追赶，这一局面一直持续到拉萨方面的电文到达为止。

古格考察进行3年后，在北京一招待所36级台阶下的地下室里，张建林和骨干队员仵君魁执笔写出了上下两卷本皇皇考古学巨著《古格故城》。这部巨著的问世，在考古学界所引起的震动和赞誉自不待说，就连江泽民总书记出访美国时，都随身携带了10套该书，作为礼品郑重地赠送给大洋彼岸的美国朋友。

托林寺考古

阿里的事业并没有到此结束，事隔10年，张建林再次奉国家文物局之命，组队进驻古格王国重要遗址托林寺，这次考古将以托林寺发掘为主题，不消说，托林寺发掘正是古格故城遗址考古的继续。

千年古刹托林寺，在藏传佛教历史上地位举足轻重。它始建于996年，其时正值古格王国开国之初。它之所以著名，是由于藏传佛教后弘期重要人物仁钦桑布大译师在此翻译了大量经文，重金迎请的印度高僧阿底峡尊者在此驻锡三年，规范了藏地佛法，并于1076年在此召开了旨在纪念阿底峡尊者的火龙年大法会，这次大法会后来被视为藏传佛教后弘期的发端，因而托林寺相应地成为这一时期的标志性建筑。

1997年整个夏季的每一天，都让考古队员们充满了激动和惊喜：千年遗存包括青铜像、木雕经卷、唐卡、模制泥佛、泥塑残片等等，陆续地暴露在现代天光下。正如古格故城遗址代表了古格后期佛教艺术那样，托林寺废墟中掩埋的这批文物所呈现的，正是古格乃至西藏的早期佛教艺术代表作。这是西藏考古的又一大发现，由此可以再现十一二世纪古格立国初年的辉煌，那似乎是一个以相当规模进行物质和文化交流的太平盛世。考古工作者惊异地发现出土的同一批形象艺术中的不同风格，仅

托林寺遗址
西藏维吾尔自治区阿里札达县

仅迦萨殿东北角壁画一隅，显然就由来自西域和南国的几拨人在同时工作。直观看来，一派似是克什米尔的阿契风格，色呈青蓝；一派为印度尼泊尔风格，是暖色调的金黄；而药师如来及其分列两旁的八药师塑像，则一概的长头型，酷似东南亚泰国、缅甸风格，为藏地古往今来所未见，难道制作者是东南亚来的工匠？

还有早期经典的发现，尽管多数已成残片，但还是弥足珍贵。考古队特意把它们带到北京，请著名藏学家王尧先生帮助鉴定，证实了年代的确是11世纪，是仁钦桑布大译师及其弟子们的译著。

一系列重要发现的最终意义开始呈现，继1985年古格故城遗址发掘以来，阿里境内的古格早期遗址及洞窟艺术迭有发现，多香遗址、达巴遗址、卡斯波林遗址、东嘎皮央遗址，足有十几处之多，加上此次托林寺早期文物的重见天日，繁荣时代古格中心区域的城镇格局就要被复原，作为一个

古格王与王后像
西藏自治区阿里札达县古格王国遗址

整体的当年物质与精神生活的面貌将要浮出水面。

古格秘史

透过神奇精致的壁画以及浩瀚的汉藏典籍，曾经创造过灿烂文明的古代王国终于拭去历史的沙尘，重新浮现在了人们的眼前。

话说吐蕃王朝末年，因为王位继承权而起的争战席卷了整个吐蕃，混战持续了30年之久。最后，一位名叫吉德尼玛衮的王子在争夺中最终败给了另一位王子，他只能远远地逃离，他一路马不停蹄地向西逃窜，最终到达了阿里的普兰国。

普兰国王怀着对吐蕃赞普高贵血统的仰慕之情，不仅收留了这位落难王子，将自己的女儿嫁给了他，还将自己的王位拱手让给了这位赞普后裔。吉德尼玛衮也确实没有让他的这位泰山失望，后来绵延700余年辉煌的古格王国便从他这里拉开了帷幕。

吉德尼玛衮生有三子，他晚年时将阿里分成三块分封给了三个儿子，长子贝吉衮占据拉达克地区，次子扎西衮统治普兰国，这一系后来并入古格王系不复存在。三子德祖衮被封为象雄王，这位象雄王就是古格王国的开国国君。

12纪中叶至17世纪前期，这古格中期近500年的历史，因为缺乏文字记载，实际上是扑朔迷离的，唯一能确知的是，这几百年中古格和邻近的拉达克这一对本来是兄弟的国家，同根相煎，征战不断。这期间有个别史料涉及到一些古格的零星资料。据

《拉达克王统记》一书的记载，15世纪初，拉达克第17代王曾与古格交战；16世纪上半叶，当时的古格王为缓和两国的关系，将女儿嫁给第21代拉达克王；然而到了16世纪末，两国之间战火又起。

整个古格王国时期，来自周边邻国拉达克的威胁始终都是王国的心腹大患。然而真正的敌人总是来自内部，古格王国最后的毁灭，从表象上看是由于拉达克的入侵，实质上却是王室内部权力斗争的必然结果。

古格末期的历史是确知的。古格末期藏传佛教格鲁派在古格迅速扩张，而格鲁派的首领正是古格王的亲弟弟，这使得古格王忧心如焚。但他既不能公开与宗教对抗，也不能彻底摈弃宗教，于是就想到一个办法。当时有几个西方传教士来阿里传教，他决定借助外来宗教与古格格鲁派相抗衡，于是开始改崇天主教而贬抑佛教。古格王以为他掌握着兵权，又有新的宗教作为辅助，就可以以实力与传统同样深厚的藏传佛教相对抗，他的确是太冒险了。当以国王兄弟为首的阿里格鲁派势力发现所有的挽救措施都不能打动国王的心时，他们采取更偏激的方式，竟搬来古格王国的宿敌拉达克的军队。

公元1630年夏天，以护教为名的拉达克军队将古格王宫城堡包围得水泄不通。古格王拒绝投降，固守城池一月后，终因断水断粮被拉达克人俘虏，王室成员随后被押往拉达克首都列城，拉达克王任命其子统治古格，古格沦为拉达克的属国。直到这时，那些迎请拉达克王来护教的反对派才

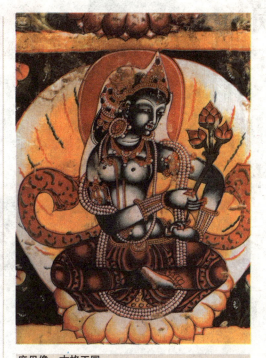

度母像·古格王国
西藏自治区阿里札达县托林寺
度母像是托林寺西北塔内的早期壁画，人物采用晕染技法，更显立体感，与邻近的克什米尔地区的阿契寺的壁画风格相同。

幡然醒悟，他们引狼入室的结果是自己成了亡国奴，然而悔已晚矣，古格王国从此永远消失了。

考古学家在古格考古发掘时发现了一个"藏尸洞"。这个洞离古格王国的城池不远，当考古队员偶然发现并进入时，赫然看到里面堆放着近百具干尸，腐臭冲天，而且尸体一概为无头尸体。就是这样一个洞穴，发现时让考古学家们惊骇不已。经过仔细的研究，这些无头干尸的年代被确定古格亡国的年代。考古学家们推断，这就是当时拉达克人袭来时，古格王国被俘将士被斩首后的遗骨，而这个洞穴，就是当初的藏尸洞！

新疆西域考古

如来头像·晋
高17厘米
新疆维吾尔自治区库坦出土
日本东京市国立博物馆藏

回鹘王子像·10世纪
高62.4厘米，宽54.9厘米
新疆维吾尔自治区伯孜克
里克石窟出土
德国柏林市印度美术馆藏

库木吐拉石窟第21窟主室 窟顶全景·
6世纪(右页图)
新疆维吾尔自治区库车县
新疆的佛教石窟西起喀什，北到哈密，东到
楼兰，时间上始自3世纪，下迄12世纪。主
要集中在古龟兹地区(今库车、拜城县一带)，
古高昌地区(今吐鲁番、鄯善一带)。龟兹地
区现存石窟共计9处，它们是克孜尔、库木
吐拉、森木塞姆、克孜尔朵哈、玛扎巴赫、
托尔拉克埃肯、台台尔、温巴什和苏巴什。
其中克孜尔、库木吐拉、森木塞姆为全国重
点文物保护单位。

镶红玛瑙金杯·南北朝
高16厘米、口径8.8厘米(杯)
新疆维吾尔自治区伊犁出土

舍利容器·北朝
高32.3厘米，径38.3厘米
新疆维吾尔自治区库车佛寺出土
日本东京市国立博物馆藏
1903年，日本大谷探险队的渡边
哲信与福贤雄在新疆库车苏巴什
佛寺的西大寺发现这具舍利容
器。几十年后，日本学者偶然发
现表层下面绘有的精美乐舞画
像。画像上部是4身联珠纹环绕
的"迦陵频伽童子"演奏图，下
部是由舞者13人，乐队8人组成
的乐舞队，表演的是龟兹的"苏
幕遮"。

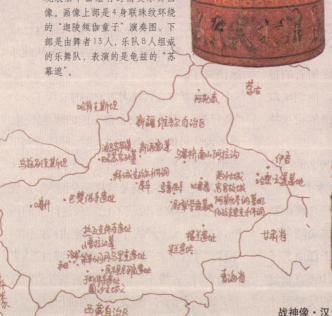

战神像·汉
宽45.5～48.2厘米，长119厘米
新疆维吾尔自治区山普拉1号墓出土

四川 湖北 湖南地区

广汉三星堆遗址

在富饶的川西平原的广汉县城西约8公里处，有一个名叫"三星村"的村庄。它的北面是清澈的鸭子河，由西北向东涓涓流淌，而宽达数十米的古马牧河，则紧挨鸭子河由村西南折向东南盘桓。在牧马河的南岸原有三堆高出地面的黄土堆，这就是驰名中外的三星堆。

三星堆的发现

在马牧河北岸有一高出地面、两头尖中间弯如月牙儿似的弯曲地段，这就是与三星堆并称的月亮湾。三星堆与月亮湾隔河相望，相偎相依，长期以来就有"三星伴明月"之誉，被视为广汉的"风水中心"，成为当地"八大景观"之一。三星堆遗址，就是在这块"宝地"上被发现的。

1929年春，一个阳光灿烂的日子，月亮湾农民燕道诚一家人，在离家不远的林盘地沟边掏车水坑，准备安放水车。燕道诚之子燕青保掏着掏着，突然"砰"的一声，锄头碰在一块石头上，泥浆溅了他一脸。他再挖，又是"砰"的一声闷响，震得他虎口发麻。燕青保弯腰扒开泥土一看，好一块白生生的大石环，口径足有一尺半。燕道诚闻声

跳下沟，轻轻撬开石环。"啊！"一大堆色彩斑斓的玉石器出现在面前，他们全都惊呆了。过了好一阵，燕道诚才转过神来，赶忙将石环按原状盖好，并盖上泥巴。他们相信下面还埋有金银财宝。当晚二更时分，夜深人静，燕家五口全部出动，悄悄前往挖掘取宝，但是终未见有心目中更为珍贵的金银财物。他们清理挖出的器物，计有璧、璋、琮、圭、圈、钏、珠、斧、刀及玉石半成品等400余件。

但是自此，三星堆开始为世人所知。

1934年，葛维汉率华西大学博物馆科

兽面具·三星堆文化
高21厘米，宽38.4厘米
1986年四川省广汉市三星堆遗址出土

三星堆2号器物坑青铜立人像出土情况

今对三星堆遗址进行的13次发掘，比较系统和科学地确立了三星堆是古蜀文化的中心，它将四川的历史向前推进了1000多年，并再次证明了中华文明起源的多元学说。这一期间的研究也使三星堆遗址的面积，其东、西、南三面城墙和北面的天然屏障位置得以确认。

时至今日，对被誉为"世界第九大奇迹"三星堆遗址的发掘，还不足1/100，预计总共有12平方公里的重点发掘区，按目前的进度来看，至少需要整整100年的时间。

聚焦三星堆千古之谜

自1929年，一位农民在车水溉田时，无意碰醒了沉睡3000多年的三星堆文明之后，考古界就围绕这一奇迹进行了长达半个多世纪的叩问。现在考古可以证实的是，三星堆是距今5000年至3000年之间的古蜀国遗址，三星堆古国在约3000年前曾相当发达、繁荣。

然而，伴随着上千件国宝级文物的横空出世，一连串惊天之谜也接踵而来：三星堆出土的这些高鼻深目、阔嘴大耳的青铜兵团从何而来？这些面相奇异的青铜人像属什么人种？在达到其绚丽繁盛的最高峰时，三

学发掘队前来发掘三星堆遗址。发掘工作只进行了10天便告结束，开出数条长12米、宽1.5米的探沟，共获得各种玉、石、陶器600多件。其丰硕的考古成果受到当时旅居日本的郭沫若先生的高度评价，称其为"华西考古的开拓者"。三四十年代，四川考古界一直在持续不断地对三星堆进行探索研究，这一阶段，可称为三星堆考古的草创阶段。

新中国成立以后的40余年间，三星堆遗址的发掘可以划分为两个阶段：

第一阶段为新中国成立后至20世纪70年代末期，为三星堆的主动探索阶段。四川省文物管理委员会、四川省博物馆、四川大学在广汉月亮湾进行多次考古调查与发掘，并由调查与发掘者们写出了多篇有分量的研究文章，从而对广汉遗址的范围、时代及文化内涵有了进一步的了解与认识。

第二阶段为20世纪80年代至今的科学发掘阶段。1986年7月至9月，两个商代大型祭祀坑的发现使三星堆名扬海内外。至

星堆文明又为何突然从成都平原消失？充满谜团的三星堆文明难道真如一些境外媒体推测的那样，是外星人的"杰作"？

首先是三星堆文化的主人之谜。从目前发现的大量遗迹遗物可以看出，三星堆遗址的繁荣时期，已经形成了一个高度发达的古代文明中心。是谁在这里创造出如此辉煌的成就？从总体上看，它所反映的应该就是古代蜀人的历史，根据史料记载，目前又有"鱼凫氏蜀王"和"杜宇氏蜀王"两种看法。上述哪种看法更接近于历史的真谛呢？这尚待更多的材料和更深入的研究加以验证。

三星堆人是"外星人"吗？高鼻深目，颧骨突出，耳朵上还有穿孔，表情似笑非笑，似怒非怒。面对这些造型诡异的青铜器，人们的第一感觉是"不像蜀人"！一些境外媒体曾用远古外星人来解释这些神秘青铜人的身份。其实古人的地理活动能力远远超出我们的想象，从祭祀坑出土的70枚象牙等物品来看，三星堆古蜀国当时可能与周边国家甚至更远的地方已有了商品交流；从部分青铜器上带有明显的古波斯风格纹饰，和一些陶器酒杯极似欧洲同期出土酒杯外形看，三星堆青铜器可能受到来自西亚、近东、欧洲等异域文化的影响。三星堆文明虽然有迥异于中原文明的气质，但目前尚无足够的依据来证明这些推测。为揭开"三星堆人"的神秘面纱，研究人员正在考虑通过DNA技术来对三星堆出土遗骨进行科学测试，以求早日找到答案。

第三是三星堆文化的来源之谜，这是一个更加难解的古史之谜。三星堆文化看似非常突然地出现在川西平原之上，并形成繁荣而奇特的古代文明。它应该包含了大量外来文化的因素，如良渚文化、二里头文化、殷商文化以及南亚、西亚地区的文化内容。从史料传说的角度，又有蜀人来自西部山区的说法，夹杂在神话故事之中；有的更具体指出是来自舜"窜三苗于三危"；有的又说是夏末商初时，有迁入成都地区的夏遗民，与当地土著居民相结合所创造的一种新型文化。可以肯定，影响三星堆文化形成的因素是多方面的，它可能是以本地文化为主，吸收多种的外来文化而成的，三星堆文明正是多元文化撞击而生的文明之光。

立鸟像·三星堆文化
高28厘米
1986年四川省广汉市三星堆遗址出土
这是殷商时期以三星堆为中心的古蜀王国在进行祭祀活动时所使用的青铜器的附件。鸟有巨眼、尖喙，长翅，分尾，形象生动，技艺高超。

另一个重大的谜团是三星堆文化为消失之谜。从三星堆遗址的情况可以看出，宏大的三星堆古城和古遗址群在商周之际突然放弃，至今仍基本保持了当年的地形地貌，即为我们存留下宝贵的遗产，又为后人留下了无限的迷茫。目前主要有水患说、迁移说、亡国说和改朝换代说等。上述各种看法都还未能形成比较公认的结论，三星堆遗址的突然废弃和三星堆文化的迅速消失仍然是未解之谜。

神秘的三星堆之谜还有很多，三星堆古代文明正是以其神秘的历史、神奇的艺术、神圣的信仰而具有神话般的色彩，充满无穷的魅力，留给人们无限的想象和探索空间。

引来全世界关注的目光

三星堆发现的消息不胫而走，随即在世界范围内引起轰动，各国报纸称这一发现可以改变人类对上古文明的基本看法，日本人称这是南殷墟，英国考古权威称这一发现比兵马俑还要不同凡响，堪称世界奇观。它的发现足以和发现古埃及、巴比伦、古希腊和玛雅文明相提并论。

1993 年，三星堆部分文物首次到瑞士洛桑奥林匹克博物馆展出，其后相继到法国、英国、日本、美国等国展出。所到之处，观者如潮。

来自美国纽约大学东亚系的江伊莉教授从 1983 年就开始接触并研究三星堆文化，这位对三星堆文化情有独钟的学者 20 年来已先后多次来三星堆实地考察，发表关于三星堆文化和殷商文明的论文 10 多篇。她高兴地告诉记者，随着中国在世界上影响越来越大，会有更多的国外学者主动参与到三星堆文化的研究中来。

1998 年 7 月 26 日，三星堆遗址所在地召开的"殷商文明暨纪念三星堆遗址发现七十周年国际学术研讨会"上，来自美国、英国、法国、德国等多个国家的 30 多名考古学者、人类学专家和国内 100 多名知名专家学者汇聚一堂。他们从历史学、民族学、文化学等方面，围绕三星堆，就巴蜀的历史与文化，三星堆与周边文化的关系等多个重要课题进行了深入广泛的研讨和学术交流，这是一届三星堆考古发现的空前盛会。

进入新世纪以来，三星堆更是在世界上掀起了更大的关注热潮。

三星堆的千古之谜令人神往，也令人遐想：谜底解开之时，或许就是重新认识评价三星堆文明之时。

古蜀人跪着吃火锅

在三星堆发掘的陶器中，最有特色的东西是高柄豆和三脚镬。高柄豆高约 50 厘米，是古蜀人用来进食的容器，由此可推测古蜀人用餐时不用桌子，而是跪坐于高柄豆前，从顶端的碗状容器内取食。脚长约 20 厘米的三脚镬功能类似今天的四川火锅，古蜀人可以在三脚镬下生火，煮熟食物，由此可推测古蜀人早在几千年前就已经开始跪着吃火锅了，看来今天的四川人爱吃火锅不是没有来由的。

改写"商文化不出黄河流域"的观点
盘龙城商代遗址

> 如果没有1954年那场特大洪水,就没有武汉盘龙古城的发现。

大洪水带来的发现

沿着武汉市的解放大道向东走,穿过江岸和岱家山,到达黄陂区叶店,就在这距武汉市中心仅5公里的地方,沉睡着一座3500年前的古城——盘龙城。虽然与武汉近在咫尺,但多少年来,这座沉睡的古城一直不为世人所知。

1954年,江城武汉遭遇一场特大暴雨的袭击,暴雨过后,武汉面临着严重的洪灾威胁。防汛抗洪需要紧急加高长江堤防,上哪儿去取土呢?人们的目光投向了离武汉不远的盘龙城。在接下去的取土过程中,不断有发现古墓的消息传来,这引起了武汉文物考古部门的注意。雨停浪静后,武汉市文物管理委员会的蓝蔚先行查找地图和翻阅资料,他找到了一张民国二十一年(1932)的军用地图,上面标有"盘龙城"和城墙的标志符号,看来这个地方不仅仅有古墓,很可能是一座古代城址的所在。他觉得这个发现很有价值,有必要前往勘察一番。

初冬的一个早晨,蓝蔚与从事田野考古工作的游绍奇结伴骑车前往勘察。不远的路一会就骑到了,他们来到先前取土发现古墓的地方。就发现在这片不大的范围内,密布着十几座挖开的古墓,地上到处是朽木和枯骨,还有很多破碎的陶片和麻布碎片,看来这是一块集中埋葬的墓地无疑

盘龙城遗址

1974年湖北省武汉市黄陂区盘龙镇

盘龙城的青铜器处于郑州二里岗商文化与安阳殷墟文化之间,时间上大约相当于河亶甲居相、祖乙迁邢、南庚迁奄至盘庚迁殷这一动荡时期,容器种类比前期有所增加,主要有鼎、鬲、爵、斝、卣、豆、杯等。

了。他们捡起地上的碎陶片仔细观察，上面的花纹竟是那样地熟悉，这不和黄河流域大量出土的商代陶器上的花纹一模一样吗？他们从地上捡起大把的陶片，拿在手里翻来覆去地观察。最后，凭着专业考古家的知识和经验，他们断定，这就是商代的文化遗存。

这里不会只有一些墓葬吧？以他们多年从事考古的经验，原始社会和奴隶社会的墓葬区往往不会离居住区太远。于是他们没有停下来，继续展开了搜索。中午的时候，果然有了惊人的发现，在这些墓葬的东边，他们发现了一条长长的夯土带，这是城墙吗？没错，从它的形状和质地上，他们马上判断出这不是河堤，而只能是城墙。蓝蔚取出那张军用地图，仔细核对地图上城墙标识的位置，没错，这里就是盘龙城！盘龙城就这样被发现了，一座公元前15世纪的商代古城就静静地沉睡在华中重镇武汉的北部边缘。

盘龙城商代古城在1954年被蓝蔚等人

首次发现后，考古界并没有对它立即进行考古挖掘，因为当时挖掘的条件还不成熟，直到1963年夏，才对盘龙城进行了首次发掘。在楼子湾的5座古墓中，出土了一批精美的青铜器和玉器。

转眼到了1974年，由著名考古学家俞伟超带队，北京大学考古专业的一批学生，对盘龙城进行了大规模的发掘。后来以《心灵史》名扬中外的作家张承志，当时就是这批学生中的一员，亲身经历了这次重大考古发现。这也是在对盘龙城的历次考古发掘中，取得最大成功的一次，这一次发现了盘龙城宫殿基址。

刚到盘龙城的时候，俞伟超还不相信二里岗（商代早中期）城地面有这么高的城墙！他非常怀疑这到底是不是商城，更不敢想象二里岗文化能够到达长江北岸。最后的事实使他惊叹，也使他折服。著名作家张承志在他的《诗的考古学》一文中，动情地记叙了当时宫殿基址发现时的情景："盘龙城是我参加过的实习中时间最长的一次。那次发掘后那样激动人心，可是，在发掘过程中充满无数怀疑。到了柱础出来那天，大家都要疯了，发现柱础排列方向是笔直的，间隔是两米五。那天天已经黑透了，可是同学们谁也不下工地，那种兴奋外行人不能想象。测绳一拉，提起探铲，隔两米五打下去，当当当下面是一块石头，

兽面纹簋·商

长17.8厘米，口径24.8厘米
1974年湖北省武汉市黄陂区盘龙镇李家口嘴1号墓出土

当当当又是一块石头，一揭表土，掀开就清楚了，一座二里岗宫殿出来了……"

武汉盘龙城遗址是迄今为止所发现的位于长江流域的第一座商代古城，在这里，我们的殷商先民创造了辉煌灿烂的古代文化。

翻开中国现代史巨擘郭沫若所著《中国史稿》再版本，在商代部分，增补有一幅绘制精工的宫殿图，这便是盘龙城1号宫殿的复原图。1954在长江之滨发现的这座宏阔城池，使郭老等许多囿于传统史学观念的史学家，认为商朝控制区不过黄河中下游数百里的空间观念，心悦诚服地得到了改变。

盘龙城的物质文明

自1954年第一次被发现以来，历次的考古发掘已经使盘龙城的面目基本得到了复原。

盘龙城整个遗址面积1.1平方公里。城址在整个遗址东部，东西290米，南北260米，城墙现存高度有3～5米，城墙宽度有25米左右。其东、西、南三面被盘龙湖水环抱。城区内外有着规律性的布局：城内东北部夯土台基为宫殿区；城外北部是平民居所；南面分布有密集的手工作坊；东面是贵族茔地；西面及北面乃是中小奴隶主和一般平民墓地。盘龙城考古最重要的收获，是在城内发现了三座大型宫殿基址。宫殿基址均坐北朝南。1号基址面阔39.8米，进深12.3米，基址中间有四室，周围有回廊。2号基址在1号基址南边约13米处，面阔27.5米，进深10.5米，此台基未见分室，

显然是一座大型的厅堂。古人撰《考工记》载有"前朝后寝"的建筑格局，曰："内有九室，九嫔居之，外有九室，九卿朝焉。"因此推断1号基址乃是卧居之寝殿，2号基址则是会觐布政的朝殿。

盘龙城考古的另一项重要成果，是在城外清理出的一座大型贵族墓。墓内筑有熟土二层台，有棺有椁，椁盖板满饰兽面纹和云雷纹，镂刻精美，是我国早期木雕艺术中的佼佼者。墓主仰身直肢，其下有腰坑，坑内葬狗一具。墓内周围除有殉人三具，尚有随葬青铜器、玉器和陶器近百件。其中一件大铜钺涵意明确，它标示了墓主的身份。一般认为，该墓主人就是盘龙城最高的军事首领。盘龙城出土的青铜器种类齐全，特征鲜明，器型有鼎、簋、觚、爵等。众多珍奇玉器的出土，也是盘龙城文明高度发达的重要标志，其中尤以玉戈的随葬最为普遍，这表明只有掌握军权者才是这里的主宰阶层。

夔纹钺·商
长40.8厘米，
刃宽25.5厘米
1974年湖北省武汉市黄陂区盘龙镇李家口嘴2号墓出土
这件钺与大玉戈出土于同一墓葬，形制、纹饰均极具地方色彩。

巴蜀文化与滇濮文化

叠鼓形铜贮贝器·西汉

通高 65.8 厘米

1996 年云南省晋宁县石寨山 71 号墓出土

铜鼓广泛流行于中国南部及越南、泰国、缅甸、印度尼西亚、菲律宾等地，为一种打击乐器，由鼓面、胴部、腰部、圈足及鼓耳等五部分组成。中国学者将铜鼓分为"万家坝型"和"石寨山型"两类。左图由两面铜鼓组合成，器盖上铸狩猎场面：二位猎人佩长剑、骑骏马，左手控缰，右手执兵器，逐一鹿一兔一狐，另一位猎手前后各有猎犬，徒手杀两鹿。器的外壁上焊四鹿，下焊四牛，与壁内刻画的图形成另一幅狩猎场景。

石寨山第 71 号墓出土情况

滇王金印·西汉

长 2.4 厘米，宽 1.8 厘米

1957 年云南省晋宁县石寨山 6 号墓出土

滇濮文化主要分布于云南、贵州、四川三省以及西藏自治区的东部、湖南省的西部、广西壮族自治区的西部一带。《史记·西南夷列传》载："西南夷君长以什数，夜郎最大；其西靡莫之属以什数，滇最大；自滇以北君长以什数，邛都最大，此皆椎髻，耕田，有邑聚。"巴蜀文化主要分布于贵州、四川、湖南、湖北、重庆以及甘肃南部、云南北部一带。先秦时期，四川盆地及其附近的广大地区曾建立过"巴"、"蜀"两大古国，故称为"巴蜀文化"。这两支文化都以青铜文物闻名于世，在汉末三国时期逐渐与中原文化相融合。

说唱俑·东汉（左图）
高 55 厘米
1957 年四川省成都市天回山出土

侏儒陶俑·东汉（右图）
高 66.5 厘米
1963 年四川省郫县外北宋家林出土

舞人排乐俑·西汉
长 11.4 厘米，宽 14 厘米 1957 年云南省晋宁县石寨山出土
西南地区的少数民族自古以来能歌善舞，四人大小、服饰相同，头戴有两条飘带的尖顶高帽，身佩剑，跣足，右手执铃，左手抚胸作舞蹈状。

倾倒世界的编钟出土地

随州曾侯乙墓

20世纪70年代末，在湖北随州郊外的一个小山包上，沉睡地下2000多年的国宝重器——曾侯乙编钟得以重见天日。

擂鼓墩的重大发现

1978年2月，随州市当地驻军正在扩建营房。部队在东团坡山岗上开山平地时，突然挖出了一片同地面颜色大相径庭的"褐土"。有一位叫郑国贤的军官爱好考古，凭直觉他意识到出现如此大面积的异常土层，可能地下有古墓，并迅即向上级汇报。

随后湖北省考古专业人员赶到了现场，当即进行了考古勘探，他们证明郑国贤最初的判断没有错，这里的确是一座大型的古墓。根据考古惯例，此墓以这一带较为出名的地点"擂鼓墩"命名，被称为随县擂鼓墩1号墓。

5月中旬，发掘工作正式开始了。首先打扫墓坑上部四周的场地，接着取出墓坑内残存的石板与填土，这些工作仅用了3天时间。当接近木椁时，工作逐渐变得艰难了。5月14日整个一个白天时间，只将东室木炭上的青膏泥清理完了，也就是说，还有2/3的地方还没有清理。夜晚，考古队把电灯拉到工地上，把工地照得如同白昼。所有考古人员一律上阵，人多智慧也多，有的人发现青膏泥细腻、粘性大，就用脚将其踩实，然后像划豆腐一样，划一块卷起来一块，这样就大大加快了速度。清理完青膏泥，接着清理木炭。大墓的椁盖板上，木炭厚10厘

曾侯乙墓室内景

米左右，木椁四周也都填有木炭，仅顶上取出来的木炭就多达31300多公斤。

木炭取出后，如何安全地取出椁盖板，是大家急于考虑的问题。北部较短的椁盖板共有13块，南部的18块，东部的16块，这些木料长年经水浸泡，一块就有2～3吨重。这么重的椁盖板如何安全取出呢？有人提出用人抬，但很快就遭到了否定。有经验的人分析指出，这些木板从外表上看已泡松，然而去掉表层2～3厘米，里面仍旧十分坚实，即使用斧子也不容易砍断。于是决定采用起重机直接起吊，为了预防万一，考古队又认真研究了一些预防与保险措施。5月16日晚，起重机的吊臂缓缓升起，一切安然无恙，试吊成功了！

椁盖板揭开以后，露出了4个椁室，而且4个椁室都积满了水。水中，西室浮起两座陪葬棺，东室浮起8具陪葬棺，虽然椁室很大，但除了水、淤泥和浮起的陪葬棺外，什么也看不到。于是，考古队研究决定先取出陪葬棺，抽干水再看个究竟。

5月21日晚，开始抽水。水在徐徐下降，4个椁室的水处在同一平面上，这就说明4个室是相通的。快到夜间12点时，3根方木处于同一高度在中室水中露了出来。又过了两个小时，人们才看清了，方木下挂的是小编钟，方木原来是编钟架。大家顿时高兴得跳了起来。东室的西南部，水下还侧立着一件比一般棺要大很多的物件。它会是什么呢？随着水位的下降，人们终于看清楚了，这是一具比陪葬棺长了将近一米的棺，墓主的棺终于找到了。

1978年曾侯乙墓编钟出土情形

下一步是处理中室北部的淤泥，为了保护文物不被破坏，40多立方米的淤泥主要靠人手一点一挖起来。5月30日，淤泥终于被取尽了。

当椁室内的水抽干，淤泥清净，各个室的文物分布情况清楚了。先看中室吧：中室的西部放置编钟，编钟架呈曲尺形，分上、中、下3层。最上层分3架，全是小编钟，共19件。中层由3个佩剑铜人武士顶托，有中等大的编钟33件，除少数几件掉落在墓坑中外，绝大部分钟依然挂在钟架上。更难得的是，下层的13件大钟，绝大多数也仍然悬挂在钟架上，也由3个铜人武士顶托。与编钟配套的，还有两件撞钟棒依架而立，另有6件丁字槌出现于编钟架附近。在编钟架的对面，即靠近中室东壁，有建鼓并青铜鼓座一件。在建鼓之旁，贴近中室东壁，有一对连禁大壶，一对冰鉴缶，另外还有一大批别的重要文物出土。这次考古发掘是我国文物考古史、音乐史和冶铸史上的空前发现，轰动了全国，震惊了世界。

关于曾侯乙的故事

随县擂鼓墩墓发掘后，考古专家研究证实墓主是曾侯乙。

曾即随，是西周初年周王分封在汉水以北地区的诸姬姓小国之一。从西周早期建国，到战国中后期亡于楚，有着近700年的历史。在其早期发展阶段，一度颇为强盛，"汉东之国随为大"，春秋中期以后，随着楚国的崛起，曾国逐渐沦为楚国的附庸。气势磅礴、雄伟壮观的65件曾侯乙编钟里面有一件与众不同，自成一体。这件钟悬挂在巨大的曲尺形钟架最下层中间最显眼的位置。镈钟镇部镌刻有31字的铭文，其意思是说：楚惠王五十六年(即前433)，楚王熊章从西阳回来，专门为曾侯乙做了这件镈钟，送到西阳，让曾侯永世用享。铭文的内容与其他钮钟、甬钟的铭文内容完全不同，没有一字是涉及乐律方面的。说明镈钟与曾侯乙编钟无关，原本就不是一套的，可能是下葬时临时加进去的。经研究发现，它把下层最大的一件编钟挤掉了。将其悬挂在最显眼的位置，以表示对楚国的尊重，而楚国给曾国送如此厚重的礼品，说明曾楚两国的关系非同一般。

春秋战国时期，楚国是七雄中的强国，所以苏秦才说："地方五千里，带甲百万，车千乘，骑万匹，支十年。"如此强大的楚国为什么会给小小的曾侯送那么厚重的礼品呢？

《史记》记载了楚昭王奔随的故事：公元前506年，吴王阖间率兵攻打楚国，最后攻破了楚国的都城——郢。破城之时，楚昭王慌忙从郢都逃走，逃到郧国，郧国国君的弟弟认为楚昭王不仁不义，要杀他。于是，楚昭王来不及喘息，又急急忙忙逃到随国，随国国君收留了他，这就是历史上有名的"昭王奔随"。吴王阖间听说楚昭王逃到随国，即率兵赶到随国。吴王阖间赶至城下，对随侯说，楚国一心要灭亡随，要随侯交出楚王。随侯坚决不肯，并说："随与楚国世代友好，你不要再说了，楚昭王不在随国，

曾侯乙编钟·战国

高273厘米，长边748厘米，短边335厘米，总重约5吨
1978年湖北省随州市曾侯乙墓出土
春秋战国时期，统治者为显示等级差别，制作了青铜礼、乐器供统治阶层使用，并制定了相应的礼制，不同地位使用不同等级的器物。曾侯乙编钟的出土，证明了当时"礼崩乐坏"的现象已普遍。

已经逃走了。"吴王没法，只好带兵离开随国，回楚都郢去了。

就这样，随侯保护了楚昭王，楚昭王因此而感激涕零。恰在此时，楚国的援军赶来了，将吴军打得大败，吴王阖闾的弟弟夫概见大势已去，自己带兵回到吴国自立为王去了。吴王阖闾得知这一消息后，慌忙带兵离开了楚国的郢都赶回吴国。这时，楚昭王才得以保全性命，回国复位。

镈钟铭文上的楚惠王熊章就是楚昭王的儿子，为了报答这次曾国的救父之恩，楚惠王才将这如此精美的镈钟送给曾侯乙，以表达两国的友好关系。江汉诸姬早早地尽灭于楚，唯曾独存，也可能就是因为曾、楚两国世代友好的原因。

战国乐舞——曾侯乙编钟

鼓钟将将，鼓钟喈喈，鼓钟伐鼛，鼓钟钦钦，淮水汤汤，淮水湝湝，淮有三洲，鼓瑟鼓琴，忧心且伤。忧心且悲。忧心且妯。笙磬同音。
……

这首载于《诗经·小雅》的《鼓钟》形象地描绘了一幅古代器乐的合奏图。春秋战国时期，我国古乐器已经发展到种类繁多，器乐的演奏形式也有很大的发展，不仅有独奏，更有规模较大的器乐合奏，其中以编钟和鼓为主的"钟鼓之乐"就是有代表性的一种。曾侯乙墓乐器的出土为此提供了充分的证据。

钟在我国有悠久的历史，新石器时期已有陶钟发现，夏商后造钟材料由陶土改为青铜，发现了许多铜钟。青铜钟单个的被称为特钟，按一定的音列关系组合在一起的，称之为编钟。编钟的件数有多有少，少则3件，多则10余件不等，曾侯乙编钟有64件，是迄今为止我国所发现的最庞大的编钟。曾侯乙编钟规模宏大，气势雄伟，其制作之精美、保存之完好均为现代音乐考古之最。

经试演奏，曾侯乙编钟音色优美，音域宽广，音列充实，音律较准。其音响已构成倍低、低、中、高4个区。其音域自大字组的C至小字组的d，跨越了五个八度，这意味着它可以演奏任何五声、六声、七声音阶的乐曲。公元前5世纪的乐器，竟具有如此水平和性能，不能不说是世界音乐史上一大奇迹！

曾侯乙编钟在音乐理论方面也有极高的价值，这在于它的铭文。整套编钟之上共约2800字的铭文，标明了各钟发音属于何律的阶名，这些铭文简直可称为我国古代最早的一部乐律书！

作为一个侯国的曾国就已经拥有了如此宏大的乐队，可以想见，那些实力更为雄厚的大国宫廷乐队的规模又当如何。曾侯乙墓的乐器只展示了古代灿烂音乐文化的一角，但仅仅这些就足以让外国人为中国古代音乐之成就惊叹不已。世界著名音乐家梅纽因在听了曾侯乙编钟的演奏后说："世人只知道古希腊的音乐艺术是那个时代的高峰，他们还不知道中国音乐。但是我们再也听不见古希腊的乐器能有什么样的声音了，只有中国的这一套编钟，还能把两千四百多年以前的乐音再现在我们的面前。"

汉代女尸和素纱衣的发现

长沙马王堆汉墓

1951年，中国著名的考古学家夏鼐来到了湖南省的省会长沙。长沙城虽然在抗战期间毁于一场大火，地面古建筑几乎荡然无存，但3000多年的悠久历史使得它的地下仍旧保存了大量的文物和遗迹。这一次，夏鼐在长沙主持了1000多座古代墓葬的挖掘。

发现了神秘的古代女尸

在长沙东郊，夏鼐看到了两座奇怪的土丘。它们凸显于平地，好像马的鞍子，当地人称它为"马王堆"，传说是公元9世纪两位王的坟墓。经验丰富的夏鼐在土丘上转悠了一阵子后，认为它们的年代要早得多，应该是公元前2世纪左右的墓葬。

不知道是什么原因，夏鼐并没有马上组织对马王堆的挖掘，只是要求当地政府保护好马王堆。

近20年过去了，人们已经忘记了夏鼐

的嘱咐。1971年年底，当时某部在马王堆那里大挖防空洞，在施工过程中，总是遇到奇怪的塌方。在用钢钎对地下进行钻探时，忽然出现了一道神秘的蓝色火焰。

一位老军人推断，这里可能遇上了古墓，并马上向文物主管部门报告。

文管部门的人赶到现场时，还能看到火焰，已经很微弱了。他们借了一个氧气袋，想要收集一些气体，可是为时已晚，气体太稀薄，无法收集，这成了一个永远的遗憾。

湖南省博物馆即向当时的省革委会打报告，请求调拨经费，以进行考古挖掘。

在那个"破四旧，立四新"的时代，要去挖一个古墓，真是有点不合时宜。当时一个省革委会的领导颇为不满地

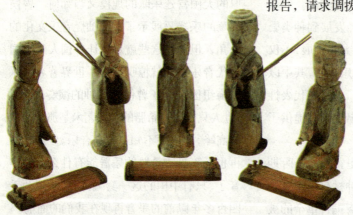

奏乐木俑·西汉
高32.5厘米~38厘米
1973年湖南省长沙市马王堆1号
墓出土

说："挖一个死人的墓，花那么多钱干啥？国家的钱哪里能乱花，你们馆才40个人，为什么要买60把锄头？"

而就是这样靠着几把锄头一下一下地开始挖起来以后，还是时常听到许多闲言碎语："博物馆吃饱饭没事干，天天去挖死人骨头棺材板子……"在巨大的精神压力之下，考古工作者通过艰苦的努力，完成了6000立方米土方的挖掘。

当一个巨大的棺椁显露出来后，所有在场的人都兴奋不已，并随即向北京汇报，请求中国科学院考古研究所派专家赴长沙来指导发掘。考古所派专家赶到了长沙，会同湖南省的考古人员继续完成马王堆的挖掘工作。

在湿润多雨的长沙，挖掘非常艰难地推进着。1000多名学校师生义务加入了清理泥土的工作。这样的工作持续了4个多月，人们终于完成了墓室的清理工作。古墓的真面目得以完全呈现在世人的面前。在巨大的棺木旁，人们发现了无数的奇珍异宝。但拿这些珍宝和该墓的主人，一具保存非常完好的西汉女尸来相比的话，又极为逊色了，女尸为什么能够保持千年而不朽？她究竟又是谁？

人们后来发现，马王堆其实有三座坟墓，共同组成了一个坟园。为了探究更多的秘密，1973年11月，考古学家们开始对马王堆的另外两座墓葬进行挖掘。夏鼐又一次来到了长沙，他和所有的考古学家都在期待，在这两座墓葬中也能同样有惊人的发现。

可是，另外两位墓主的命运却远没有他们的同伴那么幸运。这两座墓被打开后，人们发现，马王堆二号墓在一千多年前就已经被盗墓贼光顾过，三号墓封闭不严，尸体早已朽成枯骨。人们再一次失去了寻求不朽之谜的机会。但是，二号墓出土的3枚印章却给了人们一个期待的答案。

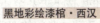

黑地彩绘漆棺·西汉
长256厘米，宽118厘米，高114厘米
1973年湖南省长沙市马王堆1号墓出土
棺为梓木材质，内髹红漆，外髹黑漆为底，奔放的流云，以及仙人、神怪、异禽构成了一个奇幻、浪漫的仙境。云纹的轮廓线显著凸起，这是汉代新兴的堆漆装饰技法，立体感强，具有浮雕的艺术效果。

从印章上看，我们确定了二号墓的主人是一个叫利苍的人，他被封为轪(音代)侯。三号墓的主人是他的儿子利豨(音希)，一号墓是利苍的夫人。

据史书记载，轪侯曾经被皇帝派到长沙国担任宰相，后来在平定叛乱的过程中立下功业，被封为侯爵。封地是一个叫轪的地方，大概在中原一带。但轪侯并没有去往他的封地，而是一直在遥远的长沙享用封地人民的供奉。

一切有关马王堆的传说都终止了，神秘女尸的身份得到了确认，她叫辛追，是轪侯的妻子。作为一个女子，她的历史并没有被文字记录，但她留下的一切已经给了人们无限的遐想。

古尸不腐的奥秘

考古学家小心翼翼地剥开包裹着的衣服，一共剥了22层。现代的人们都知道，人类并不能用衣服来抵御细菌的入侵，墓主人大概早就变成了一架骷髅。

然而，接下来的一幕让所有在场的人目瞪口呆。

墓主人的真面目终于露了出来：她似乎刚刚去世，或者只是在暂时休憩。她的皮肤仍旧是淡黄色的，按下去甚至还有弹性。部分关节还能够活动。紧闭的双眼上留着长长的睫毛，仿佛还能眨动。当人们给她注射防腐的液体时，液体迅速地通过脉管扩散开来，就像一个还有生命的人。后来的尸体解剖表明，她的内脏甚至都基本完好地

保留着。一切都表明，尸体只出现了早期腐败的症状，也就是说，当尸体暂时地被细菌侵蚀后，便成功地阻止了大自然的进攻。时间就到此停止了。她为什么能拥有不朽的躯体呢？

在古埃及，人们曾成功保存了法老的尸体，做成了不朽的木乃伊。然而，木乃伊只是一具失去了活力的干枯的尸体。至于面目栩栩如生的泥沼人和蜡人，也是只留下了外表的一层空壳。在马王堆之前，人们还没有发现过保存如此完好的古代尸体。

马王堆女尸何以保存得这样完好呢？经过分析研究，人们发现了以下几个原因。

首先是近似真空的墓室条件。墓室筑在深达16米以下处，上面还有高20多米的大封土堆，封闭极严。而尸体又殓入多达6层的厚木板涂漆棺椁之中，棺椁四周采用粘性和致密性很强的白膏泥、吸湿性很强的木炭填实。这层层的关卡，使得水与空气的侵蚀无能为力，从而造成了一种近似真空或即是真空的环境。

其次，人们在棺椁中发现的一种红色液体。这种液体无疑是入葬时特意注入的防腐剂，这种特殊的防腐剂，可以杀死随着尸体和随葬品入葬进附带的细菌。但是，这种红色液体究竟是由哪些物质所构成，至今还是个谜。

最后，在墓室密封之后，不但可消除外界光线、温度、湿度等对于尸体的损害，而且在墓室里形成了恒温和相对稳定的湿度，使整个墓室处于一个恒定的环境之中。更绝妙的是，当初发掘的时候，人们用探铲往

墓室里打洞，结果从里面喷出了很强的气流。这种气流的急剧喷出，说明墓室内的大气压高于墓室外。这种气流是由于开始下葬时带进去的细菌的作用所产生的沼气，沼气的积聚达到饱和，从而加大了墓室内的压强，饱和的沼气对于细菌有杀伤作用，而高压也同样使细菌无法生存，与充气罐头的杀菌道理是一样的。

马王堆帛书和素纱禅衣

马王堆出土的12万字帛书，是继汉代发现的孔府壁中书、晋代发现的汲冢竹书、清末发现的敦煌经卷之后的又一次重大古文献发现。

帛者，缯也，即丝织品之总称，帛书就是书写在锦帛之上的文字。马王堆帛书面世之后，即紧紧抓住了海内外学者的视线，至今关于它的研究专著已达40多种，如对帛书《周易》、《老子》、《黄帝书》、《战国纵横家书》的研究已引起了世人的关注。而马王堆医书现已成为医学界的一个专有名词，从帛书中发现许多令今人瞠目结舌的汉初医学成就，如从《五十二病方》、《杂疗方》、《胎产书》等帛书的内容中，就可看到当时药物学发展的辉煌程度。

唐代诗人白居易在《缭绫》中写道："应似天台山上明月前，四十五尺瀑布泉，中有文章又奇绝，地铺白烟花簇霜。"咏诵这些诗句，以为诗中那对飘渺如雾般轻盈、晶莹如水般剔透的缭绫描写不过是诗人的艺术夸张。而马王堆汉墓两件素纱禅衣的出土，

素纱禅衣·西汉
丈160厘米
两袖全长198厘米
1973年湖南省长沙市马王堆1号墓出土
禅衣，即是今天所谓的单衣。

证实了诗人的描写没有丝毫的夸张，是据实的描写。

马王堆一号汉墓出土的两件素纱禅衣，一件重48克，一件重49克，不足一两。重48克的禅衣，长1.6米，两袖通长1.95米，腰宽0.48米，如果除去领口和袖口较厚重的缘边，重量仅半两多，真可谓是"薄如蝉翼，轻若烟雾"了，而出于2000多年前的汉墓，怎能不令人为之惊叹！

素纱禅衣轻薄而透明，如何穿着呢？《诗经·郑风·丰》云："衣锦衣，裳锦裳。"在色彩艳丽的锦袍外面罩上一层轻薄透明的单衣，使锦衣纹饰若隐若现，朦朦胧胧，不仅增强了衣饰的层次感，更衬托出锦衣的华美与尊贵。可以想象在古代，有着轻柔和飘逸质感的纱衣，若穿在女子身上，迎风而立，徐步而行，飘然若飞，是一幅多么美丽的图画。

湘沅大地
（湖南考古）

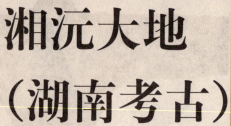

长沙窑诗词壶及盘·唐
高18厘米，口径6.5厘米(壶)
高4.1厘米，口径13.6厘米(盘)
1978～1983年湖南省长沙窑出土

四羊方尊·商
高58.3厘米，口长52.4厘米
1938年湖南省宁乡县月山铺出土

人物龙凤图·战国（左图）
长31.2厘米，宽23.2厘米
湖南省长沙市陈家大山战国楚墓出土

大禾方鼎·商
高38.5厘米，口长29.8厘米
1959年湖南省宁乡县黄材出土

虎食人卣·商
高35.7厘米
湖南省安化县出土　日本泉屋博古馆藏
这件卣题材怪异，以虎食人作为器形，虎口大张，面目狰狞，人首侧视，表情惊恐而茫然。器饰有兽面纹、回顾式龙纹、方格纹、蛇纹、装饰华美，堪称青铜器珍品。

广东 浙江
江苏 山东地区

广州南越王墓

余姚河姆渡遗址

余杭良渚文化遗址

南京南唐二陵

青州龙兴寺窖藏

见证西汉南越国的历史

广州南越王墓

据史书记载，西汉时的南越国诸王陵"奥秘神密"，里面埋藏着数不清的稀世珍宝。千百年来，无数冒险家和盗墓者来到广州这片土地上"寻宝"，然而却罕有所获。

南越王墓的发掘故事

三国时，吴主孙权闻南越王墓多宝，于是派将军吕瑜带领人马长驱数千里到南越国旧址掘墓，把广州大小冈峦都挖地三尺，结果只挖出了第三代南越王婴齐的墓，掠去了不少稀世奇珍。可是两千多年过去，南越国前两代王赵佗和赵眜的墓，仍是不解之谜。

时间推移到公元1980年8月，在广州象岗山北侧兴建一座大酒店时，偶然发现南越国第二代王赵眜的墓。它是在49米的石山被削去20米后，秘藏的冥宫才整个曝光解密的！

那一天，巨大的挖掘机在象岗山上不停地掘进，山体已经被挖掉了巨大的一块。这时，挖掘机一铲子下去，露出了大块整齐的青石板，工人们拥过来观看。大家纷纷猜测不已。试着开动挖掘机往旁边挖，结果处处都碰到了青石板，很明显，看得出这些石板是某个建筑物体的顶部。施工至此停了下来，情况被层层上报给文管会考古队。经

过试探测发现，这是一座凿山而建的墓葬，其南面有长约20余米的斜坡墓道，墓道中填满了原坑土，中间夹杂许多大石，一层压一层，直到墓门口。

8月25日，古墓的发掘正式开始。

首先主墓室石门的开启就遇到麻烦，为防止盗墓，当时修建陵墓的人在10米长的倾斜墓道设置了两道石门，石门后面有自动顶门器的装置。当大门关闭后，顶门器的前顶翘起，自动顶着石门。前室还有一石门使之与主室相隔，这石门也是装了秘密"机关"的。最后考古队还是通过"开中门"，凿破石门才得以进入墓室。100平方米见方的墓穴共分7室，内高2米，用坚硬的石块砌墙盖顶，地下铺就木板。接下去进行的是墓室的清理工作。对墓室的清理工作，要数西耳室最为复杂和扣人心弦。西耳室是各种器用及珍宝的库藏所，随葬品数量大，种类多，从室内至过道全塞满器物。经过仔细研究，队员们提出一个悬空发掘的方案，即趴在搭建的木板架上，俯身清理器物。

后部主室遗骸及出土物
1980 年广东省广州市象岗南越王墓出土

在将主室顶跌落的泥土清掉之后，露出了棺木残痕，一幅惊人的景象呈现在眼前：墓主身穿玉衣，腰间佩10把嵌缠金玉的铁宝剑，其中最长的一把剑长1.46米，为目前所见汉墓中出土最长的铁剑。头部置精巧的金钩玉饰，下枕丝囊珍珠枕头。此外，在墓主周围，还发现不少精美的玉雕，堪称汉玉珍品。

正当人们纷纷推测这位身穿玉衣的墓主是谁时，9月22日下午，一个戏剧性的高潮出现了。一名队员意外地在墓主的胸腹间发现了一枚金光闪闪的龙钮金印。当用小毛笔轻轻地拂去金印上的尘土，慢慢地翻转时，"文帝行玺"4个刚劲有力的小篆顿时映入眼帘。一个古老重大的历史悬案解决了！原来墓主就是南越国历史上第二代王赵眜，他是第一代南越王赵佗的嫡次孙（赵佗年逾九十，他的儿子先他而逝）。

主室的后端是一间储藏室，也就是储放珍馐食品的库房。储藏室在象岗南越王墓7个室中面积最小，其平面略呈方形。此室虽小，却层层堆放百余件大型铜器和陶器，其中以炊器、储盛器和盥洗器为主。属于炊煮器的底部有的还有烟灰痕迹。据此分析，多数器皿是用实用器随葬。

为适应南越王地下生活所需，在储藏室还存储了不少食物。他们大多数被放置在铜器和陶器中，有的还用编织物包裹。在30余件器物内盛装有家禽、家畜和海产品，经鉴定的动物种类有：黄牛、家猪、家鸡、山羊、广东鲂、虾、青蛙、龟足、河蚬和鲤鱼等近20种。在储藏室的三个陶罐中，还发现了200只去掉头、爪的禾花雀。炸禾花雀是广东的一道名菜，看来，这道南粤名菜已有两千年的历史了。

南越王赵眜墓的出土文物中，最为珍贵的是带在赵眜身上的那枚"文帝行玺"龙钮金印，那龙钮上有一条S型的立体小蟠龙，龙体矫健，盘尾昂首，这是中国目前出土的唯一用纯金制作并是墓主人生前使用过的皇帝行玺，是绝世两千多年的镇墓之宝，堪称价值连城的稀世之宝！

南越王墓还发现有15个殉人。其中包括宫门卫侍、内廷宦官、乐使、庖厨隶役和墓主的4位夫人，人殉制是我国奴隶社会特点之一，至汉代已基本消失，而南越墓殉人的发现，说明当时南越国仍保留有奴隶社会的残余，反映了它当时与中原社会文化发展的差距。

发掘工作全部结束后，广东省和广州市政府作出决定，南越王墓原址保存，就地筹建博物馆。1993年2月，南越王墓博物馆正式对外开放，它成为我国著名博物馆之一。

秦皇汉武南越王

先秦时代，今天的广东和广西为百越民族分布的地区。秦始皇灭六国后，派大军50万南征百越，开灵渠，尽占岭南之地，并在岭南设置郡县管制当地土著。

南越国第一代君王赵佗，祖籍河北镇定(今保定)，原系秦国将领，参加过秦统一岭南的战争，秦在岭南设置郡县后，佗任南海郡龙州县令。秦末南海郡郡尉任嚣病死，赵佗接任郡尉。此时，陈胜、吴广起义爆发，乘"天下大乱"之机，佗击并桂林郡、象郡，席卷岭南之地，于公元前204年建立南越国，定都番禺(今广州)。政权甫定，赵佗即令守军断秦到岭南道，在湘江、漓江和北江流域筑城10余座。并在番禺之北建石门以封北来之路，史称"断关立国"。此时，西汉已建立，赵佗多次发兵攻打汉之长沙国，而汉亦多次攻越，两国之间战争不断。南越国当时与长沙国的紧张关系可由马王堆出土的一幅地图作佐证。

西汉建立之初，民生凋敝，统治者出于与民生息、稳定统治的需要，推行无为而治，对南越国采取了怀柔政策。高祖11年(前196)派陆贾使南越，诏封赵佗为南越王。及至公元前195年，吕后专权，转而敌视南越国，闭关市，拘押南越国使者，毁赵佗父母之墓，并株连族人，致使汉越交恶殊深。赵佗于公元前183年自称南越武帝，与汉朝分庭抗礼。公元前179年，汉文帝立位，复修好与南越国之关系，派人重修了赵佗先人墓园，并给其族人官禄，罢长沙国将军，并致"言辞肯切"之函授于赵佗，仍遣陆贾出使送达。佗深为感动，于是下令"去帝制、黄屋、左纛"，表示"愿奉明诏，长为藩臣、奉贡职"，汉越关系于是重新和好。

赵佗在位长达67年，占南越国93年历史的大部分时间。他在位期间，大力开发岭

丝缕玉衣·西汉
长173厘米 1980年广东省广州市象岗南越王墓出土

南地区，从中原引进生产工具和生产技术，发展生产。为了岭南社会的安定，赵陀还采取了"和辑百母（越）"的策略，内容包括：吸收越人首领参加政权管理，让各地民族首领自治其民；尊从越人习俗，鼓励汉越通婚，促进民族团结与融合；与周邻地区民族和睦修好等等的政策。这些政策措施的推行，缓和了阶级矛盾和民族矛盾，促进了岭南社会经济和文化的发展。正如《史记》所云"南海尉陀居南方，长治之甚有文理，中县人以故不耗减，粤（越）人相攻击之俗益止，俱赖其力。"他为岭南地区的开发，作出了杰出的贡献。

汉武帝时，西汉已渡过了最初的艰难时期，经过长期休养生息，恢复了国力，开始着手进行中国全境的统一。而此时南越国也到了后期，宫廷内讧迭起。第三代王婴齐在位时，丞相吕嘉反对归附西汉中央政权，并于汉武帝元鼎4年（前113）发动叛乱，杀了新继位的南越王越兴、太后及汉使，立婴齐长子越建德为王。元鼎6年（前111），汉武帝派伏波将军路博德和楼船将军杨仆分

兵5路合击南越国，次年汉军破番禺城，百姓皆夹道欢迎，南越国至此灭亡，领土重归于汉朝版图。随后，汉武帝分岭南之地为南海、苍梧、合浦、郁林、日南、九真和交趾7郡，取消边关，便利南北往来。岭南地区的历史从此进入了一个新的时期。

在南越王墓的发掘过程中，令考古队员特别感兴趣的是，在储藏室里发现了铜杵、铁杵和铜臼共两套捣药工具，旁有成堆的辰砂、铅粒、硫磺等五色药石，还有中草药、药丸等。五色药石又称为"五石散"，传说服之能延年益寿。看来，象岗墓主南越王赵眜是一个喜欢追求神仙炼制丹药的人，连死后也不忘长生不老，竟将生前服食的五色药石也带入了墓中。其实，不仅在南越国，秦汉之际炼丹求道、迷信方士在整个中国大地上都非常盛行。秦始皇就曾派徐福率五百童男童女入海求仙；大名鼎鼎的汉武帝，为求长生不老，长期服食丹药，最后竟致丹药中毒而死。

角形玉杯·西汉
长18.4厘米，口径5.8～6.7厘米
1980年广东省广州市象岗南越王墓出土
这件玉杯玉质为和田青玉，杯形如兽角，器外浅浮雕夔龙，汉代这种形制的玉器尚属初见。象这种器物造型来自西方的"来通"（Rhyton）。来通大多以动物为题材，底端有孔可流液体，样式很像角杯形。它早在西亚的亚述，波斯的阿契美尼德王朝已经出现，近东地区直到伊斯兰时期以前一直流行。上图的角形玉杯当是从海路传来的外域风格。

江南水乡的稻作文化

余姚河姆渡遗址

在浙江的余姚，有一个不起眼的小村庄，叫河姆渡村。这里河网密布，土地肥沃，是有名的鱼米之乡。但水多了往往也有坏处，每当雨季来临的时候，这里就要面对水灾的威胁。1973年夏，降雨比往年更为频繁，为了以防万一，村民们决定修建一个排涝站。

新石器时代遗址

他们开挖不久，便有了奇怪的发现，挖出的一些碎石块好像是有人加工过的。村里的负责人没有大意，他挑选了一些有加工痕迹的石头，很快送到了专业考古人员那里。

几天以后，考古人员来到了河姆渡。在距离地面2米深的地方，考古人员挖掘出大量墓葬，还有大量的陶片、石器，从表面留下的痕迹，专家判断它们应该是距今6000年左右的遗存。这是新石器时代人类在这里生活的重要证据。

考古人员为这些发现所深深鼓舞，决定再接再厉。当挖掘到距地面3米深的时候，发现了一些奇怪的东西。在黑褐色的土层中，闪出了一些金黄色的小颗粒，但是很快就变成了泥土的颜色。经过仔细的辨认，他们几乎无法相信自己的眼睛，这些东西居然是炭化了的稻谷！难道生活在6000年前新石器时代的河姆渡人就开始种植水稻

了吗？但是在这个土层下，不断地有混在泥土中的稻谷被发掘出来，最后挖出的竟然有120吨之多！如此大量的囤积，为考古人员提供了充分的证据。6000年前居住在这里的古人类当时已经发展到能够熟练地掌握水稻种植技术了。

在离稻谷不远的地方又有了新的发现，泥土中出现了许多骨制的东西。在这些出土的骨制品中，他们发现了一样怪模怪样

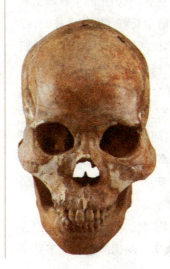

男性头骨·河姆渡文化
1977年浙江省余姚市河姆渡出土
河姆渡遗址出土20多座零星墓地，从保存较好的男女骨骼分析，他们已接近于现代人，具有蒙古人种和澳大利亚——尼格罗人种的双重特征。

的东西，以前还从来没有见过，这正是河姆渡人从事农业生产的工具——骨耜。骨耜的出土为河姆渡人种植稻谷提供了重要证据，河姆渡出土的骨耜，是中国目前发现的最古老的骨制农具。大量骨耜的出土，向今天的人们呈现出这样一个事实，6000多年前的河姆渡人，已经脱离了刀耕火种的耕作方式，进入了耜耕农业阶段。

接下来还有重大的发现，出土了一些木板和木桩。在这些木桩和木板的两端，居然出现了榫卯的痕迹，6000多年前的河姆渡人已经发现了在木桩和木板上分别凿出榫卯，可以使木桩和木板牢固地连接在一起。考古人员将这些木板、木桩及木构件进行复原，展现出当初的建筑形式。建筑专家将这种地上架空的建筑称之为"干栏式建筑"。

根据考古发现，考古学家复原了当年河姆渡人的生活图景：河姆渡遗址分布范围东西长约250米，南北宽200米左右，总面积约5万平方米，这里地势低平，地表平均海拔为1.1米左右。从出土的大量野生果实来看，这里以前生长着茂密的森林，有许多野生果实可以供河姆渡先民采集。他们掌握了水稻种植技术以外，已经开始驯养家畜，他们也学会了制造陶器。7000年前的河姆渡人是什么样子的呢？古人类学家对出土的几十具河姆渡人的骸骨进行了研究。这些骸骨身高大约在1.63米到1.69米。颧骨宽大，鼻骨低平，铲型门齿，这是典型蒙古人种的特征。

所有的发掘证据，都向今天的人们表明了这样一个事实，河姆渡是长江下游新石器时代晚期的一处氏族聚落生活遗址，他们从附近的山上砍伐树木，构建起了干栏式房屋，他们靠种植水稻、采集、捕鱼和狩猎为生。

在河姆渡遗址发现之前，几乎所有的出土证据都表明，中华文明在公元前3000年左右诞生在黄河流域。河姆渡遗址的发现，为学术界提供了一个依据，那就是中华文明的起源，不仅仅局限于黄河流域，长江流域也是中华文明的重要发源地之一。

稻作文化

中国栽培稻的驯化史，可能始于距今1.5万年前后，在一些分布着普遍野生稻的地区，当地居民开始对其有意识有选择地采集和培育。这类努力持续到距今1万年前后取得了显著的成果，如湖南道县玉蟾岩、江西万年仙人洞均发现了原始的栽培稻。

但是河姆渡以其数量惊人的稻谷遗存证明，这里已不仅是稻作的起源地，而是兴起了一个原始稻作农业的社会。当时河姆渡人已经大面积种植水稻，人们普遍以大米饭作为主食，兴起于六七千年前的杭州湾河姆渡文化，是一个稻作文化。

让我们先来看看河姆渡稻作文化的遗存吧：河姆渡第四文化层，在400多平方米范围内，普遍都发现了稻谷。有些稻谷、稻壳和稻叶等交压混杂堆积成层，出土稻谷遗存有400立方米(估计有120吨)，有的釜底还残留着烧焦的锅巴。

河姆渡出土从事稻作生产的工具——

鲻山河姆渡文化遗址发掘现场
浙江省余姚市文亭镇

广义的河姆渡文化遗址不仅包括文亭镇的河姆渡遗址，还包括与之同在一镇的鲻山、鏊架山，宁波的慈湖，奉化的名山后，象山的塔山等多处遗址，这些考古地点是河姆渡遗址的重要补充，同时也填实了河姆渡文化发展中的若干缺环。

骨耜76件。骨耜是由偶蹄类动物肩胛骨制成，成梯形，上端为柄，用绳固定。使用方法是：先是耕者手握耜柄，向下推耜入土，同时以脚踏横木，将耜冠插入土内，并以地表为支点，向下扳起耜柄，从而发土翻土。

水稻的大面积种植（按：碳化稻谷120吨，推算在当时条件下，需种田至少1000亩左右），当时田是怎样翻整的呢？显然光靠骨耜是不能胜任的。因此，可能已用上了水牛（河姆渡遗址出土了大量的水牛骨）。水牛是庞然大物，又可在水上自由行动，它是怎样听人役使的呢？只有一个方法，那就是穿鼻。一被穿鼻，牵在人的手里，它就任人摆布了。那么大面积的种植，河姆渡人没有金属镰刀是怎么收获的呢？推断不外乎有以下两种方法：一是用手摘穗，直到近世，台湾的高山族还流行用手摘穗的方法；其二是截穗法，用木或骨做成齿状器、锯形器，用来锯穗，这样比用手要来得省力一些，也快一些。那么收获之后的稻谷又是如何储存和食用的呢？考古学家发现河姆渡人是这样做的：截穗时，把稻草弃之在田，任其腐烂；将收获的稻穗捆扎成束，悬在房屋的干栏梁上，这样可以做到通风防潮。取食时再脱粒，脱粒的方法是在坚实的地面上掘一个圆坑，将稻粒放入，然后用木杵捣去壳。最后，就可以淘净放入陶釜，加水煮饭了。

以上是河姆渡人种稻操作的整个过程，从耕田、播种到收割以及保存和食用，整套方法，河姆渡人都已经掌握。这样，大面积稻作生产就成为可能了。

"干栏式建筑"和有巢氏传说

1973年在河姆渡遗址的发掘中，出土木构件总数达到一千件以上。出土的主要构件是13排木桩，基本上形成西北—东南走向，这里至少建筑着3栋以上的房屋。

这些房屋呈长条状，系多间互相品连而成，其中有一栋连品的房屋在9间以上。建筑专家将河姆渡的这种地上架空的建筑形式称之为"干栏式建筑"，考古学家并进而从中国"有巢氏"的传说中，推断河姆渡人的干栏式建筑是原始人从树上的巢居向地面居住过渡的一种形式。

据《韩非子》记载："上古之世，人民少而禽兽众。人不胜禽兽虫蛇，圣人有作构木为巢，以之群居，天下号曰有巢氏。"原始社会人的工具简单，周围又有许多猛兽，随时会遭到它们的伤害。后来，他们看到鸟儿在树上做窝，野兽不能伤害它们。原始人就学着鸟儿的样，在树上做起窝来，也就是在树上造一座小屋。后来的人把这叫做"构木为巢"。专家认为，有巢氏是确实存在过的，他们和伏羲氏、神农氏一样，其实是上古时代的一个部落国家，因在树上结巢居住而得名。可是在后世的历史地理书上，却再也找不到有巢氏国的踪迹！

那么河姆渡人是不是传说中的有巢氏呢？河姆渡发现的"干栏式建筑"，正与《韩非子》所说的"有作构木为巢，以之群居"相吻合。由于河姆渡遗址地处江滨，近沼泽与水，地势低湿。为此，筑房屋时先打下四排木桩，造成离地面相当高的底架，在底架

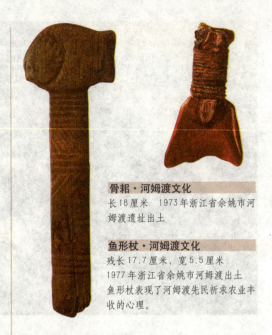

骨耜·河姆渡文化
长18厘米　1973年浙江省余姚市河姆渡遗址出土

鱼形杖·河姆渡文化
残长17.7厘米，宽5.5厘米
1977年浙江省余姚市河姆渡出土
鱼形杖表现了河姆渡先民祈求农业丰收的心理。

上架地梁，在上面建设地板；再在上面立柱，架梁，覆盖茅草。在底架下面圈养家畜，上面住人。这种以木桩为基础，在其上架设大、小梁承托地板，构成架空的建筑基座，再于其上立柱架梁干栏式木构房屋，是原始巢居的直接继承和发展。然而古书及其注解，都将有巢氏其国的地址定在今巢湖附近，这又作何解释呢？据有关资料考证：太古时代的有巢氏国，与夏末商初的南巢及春秋的巢国，各为一地，互不相干，其实只是名相近而已。那么，这个古巢国有史可查吗？《越绝书·吴地传》载："吴古故水道，出平门，上郭池，人渎；出巢湖，上历地，过梅亭，入杨湖；出渔浦，入大江，奏广陵。"平门为今苏州城的北门，巢湖其实应为今蠡湖，在吴国未被越国灭亡以前，称为巢湖。因而，有巢氏之国境应在这个巢湖以南，包括河姆渡在内。

中华文明的曙光

余杭良渚文化遗址

浙江省余杭市，是历史文化名城杭州的一个外围城市，位在其北。它地处杭嘉湖平原的西南，其西北为天目山余脉形成的丘陵山地，东南为平原水网地区。山地和平原交接处，是一片东西长约10公里，南北宽约5公里的谷地，包括良渚、安溪、长命、瓶窑四个乡镇。历史上，这一地区就以出土"良渚古玉"而闻名。

中华文明的曙光从这里升起

虽然不知此地出土的古代玉制品为何朝代、由何人所制，但良渚玉器以其精美和历时久远，成为各地收藏家纷纷趋之若鹜的目标。最晚在清代初年，良渚出土玉器开始为宫廷所大量收藏，并受到乾隆皇帝的特别珍爱。他日常以把玩良渚古玉为乐事，以至题辞吟诗刻在玉器上，此事一时传为佳话。

田野考古学于20世纪初传入中国。近代田野考古的先驱者、西湖博物馆的施昕更先生本是余杭良渚镇人。他早就对自己家乡出产古玉的各种传说耳熟能详，但传说只能是传说，他决定用自己掌握的现代考古科学方法，揭开家乡为什么会出产古玉的谜底。他试掘了良渚镇附近的荀山、茅庵、棋盘坟等地点，出土了一批陶器和石器，但发掘没有找到玉器，因而也就无法搞清良渚古玉的所属时代。他在此次考古发掘的基础上，写成了后来名闻中外的《良渚》一书，在书中，他判断他发现的良渚遗址属于龙山文化的一支。

施昕更在远离龙山文化的中心——北方地区的浙江良渚，发现了龙山时代遗址的消息，震惊了考古学界，人们都很关注中国的南方文明和北方文明的关系问题。当时设在上海的吴越史地研究会的学者王聚贤、何天行等人对

三叉形玉·良渚文化
高4.8厘米，宽3.5厘米
1987年浙江省余杭市瑶山出土

瑶山良渚文化遗址祭坛

1978年浙江省余杭市出土

瑶山位于全国重点文物保护单位良渚遗址群的东北角。1987年春，这里首次发现良渚文化祭坛，闻名中外。这一遗址被评为"七五"期间的全国十大考古新发现之一。

良渚出土的黑陶进行了研究，认为："这里所发现的，与城子崖显有异别"，但从总体上讲并未脱出龙山城子崖遗址的范畴，属于龙山文化的一支。尽管如此，学术界已开始从良渚遗址的发掘考虑到南方文明的发轫，认为"目为栖止边陬的吴越民族，在远古时，已有超过黄河流域文化的倾向"。

良渚遗址发掘后不久，抗日战争爆发，杭州沦入敌手。施昕更离开杭州，到浙南瑞安等地投笔从戎，参加抗日武装。这时，他的《良渚》一书勉强出书，但所发掘出的器物大部分丢失。

新中国成立后，考古事业蓬勃发展。从太湖之滨的杭州、湖州、嘉兴等地相继传来发现良渚类型遗址的消息，这就日益引起考古界的关注，太湖沿岸的考古工作得以推动和普遍展开。1959年，著名考古学家夏鼐在《长江流域的考古问题》一文中，正式提出了"良渚文化"的命名，从此良渚文化就从龙山文化中独立出来，长江流域的古代历史日益受到世人的重视，这对于研究我国的文明起源具有重大意义！

此后近半个世纪，对良渚文化的考古发掘活动从来没有间断过。迄今为止，良渚文化遗址已发现了近百处，正式发掘的就有二三十处。它的分布范围和年代也已基本探清，范围是以太湖为中心，东瀕大海，西临太湖西岸，北抵长江，南达钱塘江。良渚文化的年代，根据碳14测定的结果，大约在公元前3000～前1700年左右，即处于新石器时代晚期至夏代。

最终对良渚文化的性质作出结论的时候是在1992年的9月，从杭州至南京的104国道截弯取直工程，在良渚镇西北大观山果园内的莫角山西南角挖土时，发现挖出的都是人工堆积的红色熟土。进一步调查试掘，发现莫角山四周都有红烧土掺合的熟土，专家们判定：莫角山就是一座人工营建的大高台，这些堆积成台的土都是从外地运来的。在良渚文化遗址分布较密的地段，发现这样的高台，是大有发掘价值的。于是在浙江省考古研究所的主持和余杭市文管会的参与下，共同对莫角山作了科学考古发掘，终于发现了奇迹。

莫角山离杭州市区25公里，是一个人工营建的土筑高台，在大土台之上，又营建有两座高于大土台的小土台。现在的名称是大莫角山、小莫角山和乌龟山。东西长约750米，南北宽约450米，总面积达30余万平方米。这是一处罕见的规模宏大的良渚文化建筑群遗址，在其周围已经发现了反山、瑶山、汇观山等良渚文化大型墓葬的祭坛，又分布着许多曾出土过重要玉器的地点和居址、小墓等良渚文化遗存。这种分布格局表明，莫角山遗址正处在这一带良渚文化遗址群的中心位置。

这次重大发现为探索良渚文化与中华文明起源的关系，提供了极为重要的证据。国内外专家学者纷纷前来考察，提出了许多令人信服而鼓舞的论点。著名考古学家苏秉琦教授认为，莫角山遗址可能是中国最古老的社稷坛。牟永抗研究员认为莫角山是良渚文化中心区的中心址，从其位置、布局、构造来看，它具有"中心神庙"或"中心祭坛"的性质，是良渚文化诸部族共同的总祭坛，散布在它周围的瑶山、汇观山等许多小祭坛，则是某一部族的祭坛。

在这之前，我们已知良渚文化时期生产力发展到了一定水平：农作物有水稻等；农业生产工具已使用犁耕；手工业有了陶器、玉器、丝织物、漆器；在陶器上已发现了文字前身的符号；并已证明良渚文化已有了聚族而居的村庄，贫富已很悬殊，阶级也已经出现。这次莫角山遗址又证实有了初步的国家和政权组织，出现了相当于"国都"那样的中心。因而良渚文化已具备了文明的各种特征。

正因为良渚文化在莫角山遗址发掘后已表明，它具备了文明产生的各种要素，所以考古学家肯定地说："我们可以把中华文明的历史再往上界定一千年"，"中华文明的曙光是从良渚升起的"。

玉器时代

良渚文化是以玉器为其突出特色的。

良渚文化的玉器器型主要有璧、琮、璜、圭、斧、钺等等，所有器物均凿磨精良，造型美观，器物表面常施有兽面纹或神人兽面纹。按其功用，可分为防腐、避邪、佩挂、装饰等诸多功能，但它更是被作为祭祀天地四方的礼器来使用。

良渚文化的先民用玉制造出数量巨大、种类齐全的玉器，除带钩、纺轮外，都不是作为普通的实用之物而存在，而是作为社会意识和精神生活的指示物，被赋予了特定的含义。同青铜时代的青铜器一样，玉器反映了良渚人的政治观念、宗教情感、礼仪

玉琮·良渚文化
高8.8厘米, 孔径4.9厘米, 外径17.6厘米
1986年浙江省余杭市反山12号墓出土

风俗的方方面面, 人们对它怀有深深的崇敬感和神秘感。这种观念形态上的意义是一个巨大的飞跃, 这个飞跃标志着玉器时代的诞生。

关于玉器时代, 古人有明确的见解, 《越绝书》载风胡子对楚王说: "时各有使然。轩辕神农赫胥之时, 以石为兵, 断树木为宫室, 死而尤藏, 夫神圣主使然。至黄帝之时, 以玉为兵, 以伐树木宫室, 凿地, 夫玉亦神物也, 又遇圣主使然, 死而龙藏。禹穴之时, 以铜为兵, 以凿伊阙, 通龙门, 决江导河, 东注于海, 天下通平, 治为宫室, 岂非圣主之力哉。当此之时, 作铁兵, 威服三军, 天下闻之, 莫敢不服, 此亦铁兵之神, 大王有圣德。"风胡子以生产工具、武器质地的不同将他以前及他所处的时代划分为石、玉、铜、铁四个阶段, 并分别将它们与三皇、五帝、三代及东周对应起来。

风胡子对古史的分期, 《越绝书》有载,

但直到近年才引起人们的注意。究其原因, 是因为从西方引进的中国近代考古学, 一直受到西方考古学提出的石器时代、青铜时代、铁器时代(西方缺少玉器, 当然不会有玉器时代的提法)三段论的影响, 这三段论是如此地深入人心, 以致于老祖宗的话反而被忽视了。

但历史的真实怎能被湮没呢?新中国成立后, 不少遗址都有大量玉器出土, 比如在三星堆、牛河梁、神木、石峁等等, 这就使得学者不得不对中国古史进行重新的探讨。于是有人认为在中国新石器时代与青铜时代之间, 应该加入一个玉器时代。但是, 以上各遗址出土的玉器与其它遗物相比, 数量极少, 并不构成文化的一般特色, 与它伴出的石器、陶器以绝对优势遮蔽了玉器的光芒, 因而很难说它们都进入了玉器时代, 也就是说"玉器的出现并不意味着玉器时代的到来, 只有成组的玉礼器才能成为玉器时代到来的标志"。

如前所述, 成组的玉礼器在良渚文化中出现了。不仅有成组的礼品, 还有仪仗、权杖、饰物、用具、冥器等。玉器构成了良渚文化最有特色、内涵最丰富的遗存，它在该文化中的数量远远超过了陶器，石器，大放异彩。从而为风胡子的"玉兵时代"提供了最有力的证据，良渚文化就是玉器时代的文化。

考古发掘表明，在良渚社会里，国王同时又是祭司，人们相信上天赋予国王超自然的能力。人们祈求风调雨顺，五谷丰登，而这一切都依赖于国王的神力。为了尊敬国王的崇高威严，也为使国王的求雨或止雨的巫术活动不受干扰，国王不能随便与普通人接触，必须住在与外界隔绝的神殿里，在那里传达神谕，接受献祭和人牲，死后葬于祭坛上或专用的墓地。

蚩尤的传说

考古挖掘和研究表明，良渚文化已进入了早期古国时代。处于古国时代的良渚古国，其文明的火炬交相辉映，犹如喷薄而出的朝阳，驱退了野蛮时代的长夜。

那么，良渚文化的社会群体是古史传说中的哪一支部族或方国呢？学术界考证认为，最有可能的就是传说中的蚩尤。我们知道，蚩尤和神农、女娲、伏羲一样，都是远古时代的部落民族，蚩尤实际上是族号，而不是人名。

有学者以余杭反山出土玉钺上的神徽为据，主张其阴线刻显示的人形应是一尊战神，不由使人联想到好战的蚩尤。学者认为，古史传说中的蚩尤，应是中国东南方的蛮夷，与良渚文化的族属、地望正好相合。钺是近身格斗的武器，在良渚文化中最为发达，表明其先民好勇强悍。联系到古史中"蚩尤作兵"、"蚩尤作五兵"等记载，与传说中被尊为战神兵主的蚩尤强暴形象也是一致的。传说蚩尤和黄帝打仗时，"蚩尤请风伯雨师，纵大风雨"，"黄帝乃下天女曰魃，雨止，遂杀蚩尤"，这易让人联想到，良渚所在江南地区的雨季，可能被蚩尤利用来阻止黄帝远征，但雨季最终会过去，黄帝遂乘势进攻，最终击败蚩尤。

五千年前，长江中游，黄河中、下游和辽河流域的先民，都已举起了文明的火炬，然而都不及良渚文明灿烂辉煌。浙江余杭莫角山规模宏大的良渚文化建筑基址，是伟大的中国古代文明的光辉见证，为古代世界所罕见。

玉钺·良渚文化
刃幅16.8厘米，厚0.8厘米
1986年浙江省余杭市反山出土

南唐先主、中主墓

南京南唐二陵

出南京中华门，来到江宁县境内的祖堂山南麓，这里群山环绕，景色秀丽，向来被人称为"洞天福地"。这里有一座远近闻名的"太子墩"，相传是古时某位皇太子的墓，但这也仅仅是个传说而已。

缘起于盗墓者的发现

1950年春的一天，"太子墩"附近村子里的几个农民正在此割猪草。一个人偶然抬头向土墩望了一眼，"哎，这个土墩子上怎么会有个洞呢，明明上次见到它的时候

钦陵石雕武士及双龙戏珠图
1950年江苏省江宁县出土

还没有洞啊。"于是他招呼同伴一起过去看看，大伙都暂时放下手中的活计，一起走过去查看。

原来是一个斜着挖进去的洞，洞口不大不小，刚好容一个人进入。往里一看，洞里面似乎有些东西。他们中有一个人找来了一根树棍，伸进去三扒拉四扒拉，居然给

扒拉出一个陶罐子来，罐子显然年代久远，但上面的颜色却依然鲜艳。

由于这附近有很多明朝的墓，平日里就听说过不少盗墓贼寻宝的传说，大家伙一合计，都觉得是有人在这里掘墓盗宝。接下去怎么办？立刻分成了两派人，一派主张报告给公家，另一派说，下面不定还有盗墓贼剩下的宝贝呢，不如大家找到宝贝平分。主张报告公家的人还是占了上风。最后，少数几个坚持挖墓掘宝的人也放弃了，大家就把这个情况向上进行汇报。

很快，区文教股长亲自带人下乡来调查了。由于盗墓者光顾过不久，挖的盗洞还没有塌陷，股长亲自带人下洞进行了探查。他们小心翼翼地爬进幽暗深邃的墓穴，穴中不时响起叮咚的怪声，还散发出一阵阵悠悠的香气，沁人肺腑，好不令人惊奇和恐惧。不出所料，墓已被盗墓贼破坏得一塌糊涂，但是宏伟的墓穴地宫还是让他们惊奇不已。出洞后他们迅速将情况上报给了南京市博物院。

不久，考古队赶到了现场，开始了发掘。他们并没有顺着盗洞进入墓室，而是按照正规的考古挖掘程序，先用"洛阳铲"进行勘探，找到墓门的所在。找到后就顺着墓门的方向开挖，挖了几天就挖出了墓门。考古队发现墓门外堆砌了许多大石板和大石块，墓门本身也用大砖封砌，推断是为了防盗墓而设。但是这套防护措施根本就挡不住盗墓贼，他们直接开天窗而入了，但是这给用科学手段进行发掘的考古队找了很多麻烦。颇

青玉哀册·五代
长16厘米，宽6.9厘米(左)，长16厘米，宽6.9厘米(中)，长16厘米，宽7厘米(右)
1950年江苏省江宁县祖堂山李昪墓出土

费了一番周折，考古队才打开了墓门。

宏大的地下宫殿终于呈现在眼前了，大家穿过长19米、宽4米的圆拱形墓道，好像穿越了一条漫长的"时间隧道"，又回到了千年前的时代。这条墓道贯穿了前、中、后三间主墓室，在三间主墓室两侧，还有10间陈放随葬品的配室。这组布局严谨，设施齐全的地下砖石结构建筑群，完全仿造地面的建筑建造，并且在柱枋和斗拱的表面还绘有彩画。

在中间主墓室，有两尊武士浮雕像。强悍的武士头戴战盔，身披铠甲，手握宝剑，脚踏祥云。这两尊造型威猛的卫士，堪称忠于职守，在暗无天日的地下宫殿里，为墓主人整整站了一千多年的岗。中墓室还有一长方形青石横额，上刻"双龙戏珠"浮雕，双龙张牙舞爪，宝珠的周围有火焰衬托。

后墓室的面积约有35.6平方米，由于年代久远及盗掘，棺材已不复存在。室面呈

尖穹窿状，四壁表面涂朱红色，全室共有用整石雕磨而成的8根柱子，加上其两侧配室门旁的八角形倚柱，共同组成了排廊柱式建筑。室中的青石棺床的周边刻有8条金龙浮雕。在棺床底下的青石板上，雕刻着2道宽5～7厘米、深3厘米的婉蜒曲折的槽沟，象征着死者生前统治的大地河山；室顶还绘有日月星辰的彩画。这种室顶彩绘天象图和地板上刻地理图的形制，是中国自秦汉以来帝王陵墓的传统，它象征着帝王统治人间是"受命于天"。

它到底是谁的陵墓呢？初步判断这座墓的年代应介于六朝与五代之间，有人怀疑它既然被叫作"太子墩"，会不会是著名的梁昭明太子萧统的墓呢？但是随后发现的墓主玉哀册残片解答了这个问题。玉哀册本身早已被盗墓人打碎，考古队员经过苦苦寻觅，终于在前室的淤土中筛捡出了一块残片，上有"保大元"三字。考古学家据此分析得出结论，该墓的年代是"保大元年"(943)，墓主是南唐先主李昪及其皇后宋氏。南唐先主的陵墓历史上被称作"钦陵"。

根据史料记载，南唐中主李璟和他的父亲是埋葬在一起的，中主李璟的墓应该也在这附近，于是"顺藤摸瓜"展开了调查。考古专家仔细观察附近的地形，很快把目光锁定在距钦陵不足百米处的一个小型凸起状地貌上，大家觉得它非常可疑，于是进行了试掘。非常幸运地，就此找到了中主李璟的顺陵。

青白玉佩·五代
长9.1厘米，高4.5厘米
1950年江苏省南京市祖堂山顺陵出土

顺陵墓室打开后，发现它也已于早年被盗。墓室计有3进11间，全部是砖结构，其仿木结构的柱、枋和斗拱上绘有与李昪陵相似的彩绘，但已无双龙浮雕和石刻武士像，亦无天象图和地理图，玉哀册则换成了石哀册，陶俑和陶动物像也比较粗糙。从残存的哀册文中确定此墓就是南唐中主李璟及其皇后钟氏的合葬墓，年代是公元961年。当时，南唐已先后向中原的后周和北宋称臣并去帝号，所以在规模上和随葬品的精细程度上均远不及先主陵墓。

南唐三代君主

"五代十国"是我国历史上的一个大分裂大动荡的时代，"五代"是指在北方地区出现的先后更替的五个政权，当时的南方地区更加混乱和分裂，先后出现了10个小国家。"十国"前后共历时89年，产生了41个地方性的"皇帝"，而南唐就是其中的一国，南唐的前、中、后三位君主就是其中的三位"皇帝"。

钦陵主人李昪，庙号"烈祖"，又称"先主"。他出身寒微，本是寺庙的小沙弥，后被吴王徐温收为养子。他十分孝敬养父，机智而才干超群，深得徐温的欢心，被委以重任。他屡立战功，与士卒同甘共苦；并招贤纳士，延揽人心。徐温死后，他代吴自立，作了一国之君。此时，他恢复自己原来的姓氏李，并以唐代皇裔自居，改国号为唐。历史学家为了把这个政权和唐朝区别开来，便称为南唐。李昪开创南唐后，执行了息兵睦邻，按人丁授田，鼓励农耕，节省皇家开支，振兴文教等许多深得民心的国策，使得因战乱而凋敝的江淮大地上，出现了短暂的升平景象。在当时的十国之中，南唐国运昌盛，就连远在中国版图之外的高丽、新罗等国，也派遣使节前来祝贺。

李璟是李昪的儿子，史称南唐中主。他继位后，背离了其父的既定国策，不自量力穷兵黩武，多次对邻国兵戎相见；劳民伤财，将国库消耗殆尽；不但丧失了民心，还失去了北伐中原，统一中国的良机。本来，李昪在生前就准备扫平北方割据政权，恢复华夏大一统，但由于李璟的倒行逆施，反而威胁到南唐自身的独立地位。后周统一中原后，占领了南唐在江北的疆域，李璟被迫划江而治，主动削去自己的帝号，自降为后周的附庸。赵匡胤"陈桥兵变，黄袍加身"夺取后周政权后，李璟继续对宋割地称臣，以求苟安。然而宋却日以继夜地造战船、练水军，大有鲸吞南唐，饮马秦淮河之势．吓

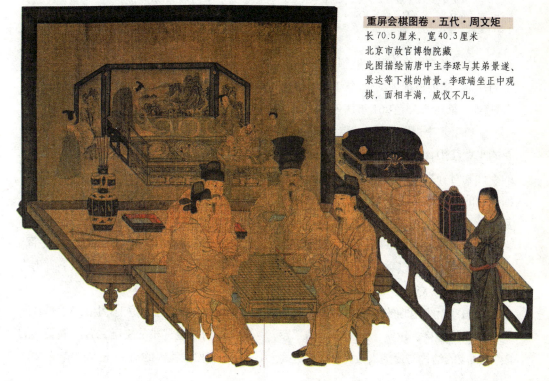

重屏会棋图卷·五代·周文矩
长70.5厘米，宽40.3厘米
北京市故宫博物院藏
此图描绘南唐中主李璟与其弟景遂、景达等下棋的情景。李璟端坐正中观棋，面相丰满，威仪不凡。

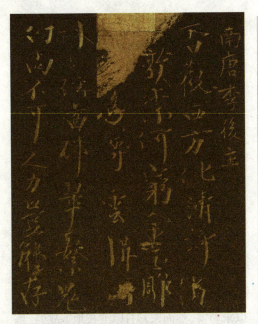

去来帖·五代·南唐·李煜

宋《宣和书谱》评李煜"作大字，不事笔，卷帛而书之，皆能如意，世谓撮襟书。复喜作颤掣势，人又目其状为金错刀。尤喜作行书，落笔瘦硬而风神溢出。然殊乏姿媚，如穷谷道人，酸寒书生，鹑衣而鸢肩，略无富贵之气"。

得李璟留太子李煜在金陵"监国"，自己则名为迁都，实则逃跑到洪州(今江西省南昌市)避难，最后于公元961年病死在洪州。

南唐后主李煜即位后，面对着朝不保夕的半壁江山，继承了其父李璟委曲求全的秉性和对外投降的国策。李煜从洪州迎回李璟的灵柩，向北宋上表请求为亡父恢复帝号，以便按帝王的礼制下葬。赵匡胤觉得李璟生前表现还算恭顺，死后赏他一个虚名也无妨，还可以乘机显示大宋王朝的怀柔手段，便答应了李后主的请求，于是李后主在国家财力困难的情况下，勉强模仿祖父钦陵的规格，建造了南唐中主的"顺陵"。顺陵的结构与钦陵大致相同，只是规

模较小而已，气势和质量远不如钦陵。

综观南唐的先主、中主、后主三位国君，在修身、齐家、治国、平天下的才干上，是一代不如一代，仅三代而国祚亡；但在文学艺术的造诣上，却是"青出于蓝而胜于蓝"。先主所留文学作品不多，而中主却在10岁时就已能出口成章，写出了《咏新竹》等名篇。他的代表作《浣溪沙》，被后人赞为千古绝唱："菡萏香销翠叶残，西风愁起绿波间，还与韶光共憔悴，不堪看！细雨梦回鸡塞远，小楼吹彻玉笙寒。多少泪珠无限恨，倚阑干。"清代大词论家王国维对这首词推崇备至，认为"有美人迟暮之感"。而李后主更是名垂千古的大词家。中主后主的作品合集《南唐二主词》，至今仍在中国文学史上占有重要地位。

南唐三位国君死后的命运也颇为奇特。李后主国破家亡后被俘到洛阳，为宋太宗毒死，坟墓早为千年风雨荡平，他的墓地恐怕连偶然被发现的机会也不可能了。而先主、中主二陵却由于一个偶然的机缘得以重见天日，从而让后人还有机会怀念二位天子的一生。

南唐二陵出土文物

南唐二陵在历史上虽经过数次盗掘，墓中的稀世珍宝丧失很多。但出土时仍有600多件随葬文物。

文物中一类是栩栩如生的人物陶俑。男俑中有峨冠博带的文臣，有缘领长衫的内侍，有披坚执锐的勇士，有表演献技的伶

人；女俑中有高髻盛妆、身着披肩长袖的宫娥，有恭立持物的侍女，有翩翩起舞的舞娘。男俑衣冠整肃；女俑面施朱粉，衣着华丽：基本上是唐代人物的风貌。这是由于南唐距大唐帝国为时不远，而南唐又以大唐正统自居。

第二类文物是陶制动物。其中有怪诞的人首蛇身和人首鱼身俑，体现出古代神话和图腾的余绪。还有生动的马、狗、鸡、蛙等，尤其是骆驼和狮子，它们不产于江南，而大唐时代的对外交流中，来自西域的贡品中就有狮子和骆驼，它们的陶制品也被"请"进了南唐二陵。

第三类文物是陶瓷器。由厚胎无釉的灰色陶器，还有灰色厚胎加深茶褐色釉的陶器。瓷器中有粗瓷、细瓷。一般说来，五代出土的陶瓷不常见。而根据南唐二陵的陶瓷器，可以看出后来宋代陶瓷器的一些继承和发展的线索。

第四类文物是玉制的"哀册"，共有几十块玉片，呈绿色或白色，上面有填金的刻字，内容是墓主人的祭文。由于别处很少见到过玉哀册，所以尤其显得珍贵。南唐二陵主要就是根据玉哀册来鉴定的。

南唐二陵发现后，考古学家们非常感兴趣的是，能否在陵墓中发现一些诗书词卷之类的东西。试想，以二位君主尤其是中主李璟对诗词的爱好，怎么可能不在坟墓中放置一些诗书词卷，或者就是他自己的作品以供身后继续吟咏呢？考古学家们心中还有另一个想法，二陵虽然已经多次被盗，但是根据以往的经验，盗墓贼真正感兴趣的是金银财宝之类的陪葬品，文字纸卷是看不上的，一般都会有遗存。试想如果能在南唐二主陵墓中发现他们自己的诗书词卷，这种价值是无法估量的，其效果也必将是轰动性的。但最终令人扼腕叹息的是，考古学家们并没有在二主陵墓中找到他们想要得到的东西，留下了不尽的遗憾！

舞女俑·南唐
高 48.5 厘米
1950 年江苏省南京市
祖堂山钦陵出土

中国古代佛教造像的宝库

青州龙兴寺窖藏

《尚书·禹贡》中记载了古九州——冀、青、兖、徐、扬、荆、豫、梁、雍，其中称"海岱惟青州"，海即渤海，岱即泰山，从地理上看，青州位于九州之最东方，所以被誉为"东方第一州"是当之无愧的。

龙兴寺地下的宝藏

以当今山东的青州为治所是从东晋开始，此后历经隋、唐、宋、金、元、明、清等封建王朝，建制频仍，青州均为州、府、郡、道、路的治所长达1600年之久，是山

山东省青州市龙兴寺造像

东境内的政治文化中心之一，自古就是文明昌盛之邦，所以境内古代遗存遍布，以北辛文化、龙山文化、大汶口文化为代表的遗址，就有270多处。

1996年10月的一天，山东省青州市一所学校正在为修建操场紧张的施工。一直轰鸣的推土机似乎感到有些异样，工人们走到车前扒开浮土，一幅惊人的情景出现在他们面前：

浮土下露出许多残破的佛像！工地沸腾了，人们纷纷拥过来观看，大家议论着，下面不知是什么，为什么埋了这么多佛像？工地负责人叫人彻底清理浮土，天哪！下面竟是一个地窖，里面密密麻麻一层又一层，堆积得全是佛像，刚才推土机挖出来的，正是地窖最上面一层佛像。青州佛像窖藏就是随着这次偶然的发现被开启了。

抢救性的考古挖掘工作迅速展开。考古人员采用局部发掘的方式整整工作了七天七夜，覆盖着泥土的佛像逐渐显露出他们本来的面貌。地窖内，佛像的存放有着一定的规律，以上、中、下三层陈放为主，大

部分造像为东西向排列，厚70～90厘米。排放造像时，较完整的放置于窖藏中间，下压较残的造像以及彩色泥塑和木质、铁质造像；完整的头像沿坑壁边沿存放。在最上层的造像上，有明显的烟迹和席纹，表明在掩埋之前曾举行过祭祀活动，并用苇席掩盖。

在进行完修复和拼对之后，佛像的总数已达到400余尊。许多佛像在经过艰难的修复比对之后，仍然无法完整地再现原貌，他们原本只有一些残缺的肢体，或是一些没有身体的佛头。一些碎块表明，他们曾被人为地砸碎。一个面积只有50多平方米、深度不到3米的窖藏坑内，为什么会埋藏着数量如此众多的佛像呢？

这个问题似乎很好解释，因为在窖藏坑被发现之前，当地人就知道这里曾存在过一个古代的寺庙，县志记载叫龙兴寺。自西汉开始，青州一直是山东的政治、经济、文化中心，直到明朝初年，这个中心才向西移至历城(今济南地区)，龙兴寺的兴衰也正是在青州作为山东的中心的这一时期。南北朝时期，这一中心地位更加突出，北魏建国后，佛教逐渐与政治结合在一起，北魏的皇帝、皇后和一些王室贵族都是积极倡导佛教的虔诚信徒，巨大的石窟佛像因而在这时开始大规模兴建。与这些石窟同时建造的，当然还有大量的寺院庙宇，以及庙宇中供奉着的佛像和菩萨。

考古学家从题材和雕刻技法上也证实，这批佛教造像绝大多数完成于公元5-6世纪的南北朝时期，青州的佛教造像大多是在这样一个时代完成的。在龙兴寺窖藏坑

菩萨像·北魏

高36厘米，宽31厘米

1987年山东省青州市龙兴寺出土

彩绘贴金石雕菩萨像·北魏

通高197厘米，像高164厘米

出土之前，青州及其周围地区就已经陆续出土了一些佛教造像，目前总数已有1000多件，这些佛像与龙兴寺佛像所处的时代大致相同。这更加有力的证明，南北朝时的青州不仅是一个佛教的中心，还是一个佛像制作的中心。

龙兴寺佛像之谜

龙兴寺佛教造像出土后，一个问题一直困扰着考古学家，那就是为何数量如此之多的精美佛像会被埋入地下？而且，这些佛像在埋葬时已经被人为地砸坏，那么，砸毁佛像的原因又是什么呢？

关于该窖藏埋藏的年代，从出土的佛教造像和"崇宁通宝"等货币来分析，应在北宋末年或金朝初年。种种细节说明，这是一次有计划的、精心安排的掩埋行动。那么真正砸毁佛像的人又是谁呢？

考古学家提出的第一种推测，是和历史上的灭佛运动有关系。五代十国时期，曾发生过两次很大的灭佛运动。灭佛来临时，政府军队四出烧掠佛寺，坑杀僧尼，佛经、图像、雕塑以至木塔莫不毕毁，佛教蒙受到疯狂的暴力摧残。灭佛以后，很可能这些佛教雕塑都被破坏了。在一些佛像上可以清晰地看到火烧过的痕迹以及后来修复过的痕迹，他们很可能是在南北朝时期的历次毁佛灭法运动中被砸毁，又在此后随着佛

飞天像·北魏
残宽54厘米，高
41厘米
1987年山东省青
州市龙兴寺出土

教的复兴而被修复的。

另一种推测，佛像的被毁是和北宋末年金兵攻打青州有关。在龙兴寺窖藏坑内发现的几件造像，鉴定为北宋时期的佛像，在一件佛像上还发现有"北宋天圣四年"的字样，北宋天圣四年也就是公元1026年，这距离南北朝时期的最后一次灭佛运动也有近500年了。如果是这样，那么之前佛像毁于南北朝时的灭佛运动，并在此后被埋葬的假设就不会成立。有学者推测，这可能和北宋末年金兵攻打青州有关系。金兵在3年之内，曾经五次攻打青州城，当时战斗的中心就在今龙兴寺一带，所以龙兴寺的佛像，很有可能是在这一次被毁的。然而，青州佛像是否毁于金人南侵，仍是一个值得争议的问题，人们从不同角度对这个猜测提出了质疑。

如果这些佛像的掩埋既不是因为南北朝时期的毁佛运动，又不是因为金人打青州，那么会是什么原因呢？

根据在青州附近出土的一块石碑上的记载，考古学家又提出了一种推断。据石碑上的文字记载，在北宋时期，青州地区的寺院盛行着一种隆重的法会，寺院的僧人将早年在各种灭法活动中损坏的佛像或者经年累月破旧的佛像集中起来，然后举行隆重的仪式，将他们埋葬起来，以积累功德。这也可以解释为什么在龙兴寺的窖藏中，以曾经发生过灭法运动的南北朝时期佛像居多，而隋唐到北宋的佛像却十分少见的原因。

但是龙兴寺佛像到底因何被埋，又是毁于何人之手，迄今仍没有定论。这些谜一样的问题，深深地吸引着考古学家，促使他们不停地探索着。也许随着更多考古物证的出土，未来会给出一个圆满的答案。

中国佛教艺术珍品

龙兴寺窖藏出土的佛教造像，其雕刻技法之精彩，表现手法之细腻，都令人叹为观止，表现出极高的艺术价值。

龙兴寺佛教造像，95%以上用材为青州产的石灰石。这种石灰石，质地细腻、硬度适中、易于雕刻。此次出土的这批佛教造像，雕刻技术极为高超，其中尤以北魏和北齐时期的作品最为精彩。

北魏时期的作品，以背屏式造像为主，有的高达3.2米，有的不足0.5米。这种造像，多为三尊像。这三尊像中，尤以菩萨像雕刻得最为精细。它们脚踩双龙嘴吐出的由莲茎、荷叶、荷蕊、莲花组成的基座，有梳理得当的黑发，有花冠、项圈、璎珞、手镯等多种精美而细致的饰件，更有能体现内心深处感情的面容，再配上贴金彩绘，使它们更显高雅与华贵。在背屏式造像项部，有众多极为精美的飞天，这些飞天多为高浮雕，并有些局部出现透雕。这些飞天，有乐舞飞天和托塔飞天，它们或认真演奏，或飞舞长袖，其身材苗条，肢体丰满，身段优美，神情自然，再配以飞飘的彩带和精心绘制的颜色，使人有呼之欲出的感觉，在世人面前展现出一幅幅精美独特的舞蹈场景。

聊举其中一例代表性作品，永安二年(529)韩小华造像，是一件有准确记年、准确造像人的造像，在造像左侧有四行题记：

青州市龙兴寺出土的佛像
高148厘米　1987年出土
此佛像具有极其典型的印度笈多王朝的雕像风格，西方学者称之为希腊化风格。在中国这种手法称为"曹衣出水"。

永安二年二月四日清信女韩小华
敬造弥勒佛一躯为亡夫乐丑儿雨
亡息佑兴回奴等后己身并息阿虎愿
使过度恶世后生生尊贵世世侍佛

　　这件弥勒造像螺形高髻、面相清瘦，眉目清秀，面部微笑，其面肌、五官生动而自然，褒衣博带袈裟和长裙下摆略向外移。二胁侍前额梳留三圆形发饰，面相与弥勒相同，披帛从双肩垂下至腿部后上卷至肘间，再飘然下垂。综观此件造像，给人以"秀骨清像"的感觉。

　　北齐时期的作品以单体圆雕像为主，它们身穿贴体的袈裟，将那极为健美而又富有生机的躯体展现在我们面前。它们的身材一反北魏、东魏那种躯身平直的习惯，而使其身材逐渐变得丰满。这一演变，使造像的曲线逐渐变得优美。到了北齐晚期的

曹衣出水

　　曹仲达，北齐时著名画家，原为中亚曹国(今乌兹别克斯坦撒马尔罕一带)人，官至朝散大夫，以画梵像名闻天下，其画线描稠密，衣薄而透体，如从水中刚出来，世称"曹衣出水"，这种典型的笈多风格经曹仲达带入中国，产生了深远的影响。"曹衣出水"与吴道子的"吴带当风"成为中国绘画和雕塑的两大风格。

笈多风格

　　4世纪初期，笈多王朝建立。它的疆域东起孟加拉湾，西到阿拉伯海，北抵阿富汗。笈多时代的艺术，文学与科学的发展均臻于最高境界，被喻为"印度的黄金时代"。笈多艺术融希腊艺术和印度艺术于一身，对中国早期佛教艺术产生了巨大的影响。中国高僧法显曾于405～411年(即笈多时代)到达印度，他对印度的赞叹至今仍令人印象深刻。

时候，它们的重点部位，如乳房、下腹部、臀部等都比较突出。它们身着的袈裟，有的轻薄飘逸，有的厚重下垂，再配以红、绿等颜色和独具个性的面容，使它们尊尊洒脱，不同凡尘。

菩萨半跏像·北齐
高80厘米
1987年山东省青州市龙兴寺出土

综观龙兴寺出土的这批佛教造像，显露出了一种非常独特的个性。他们清瘦和秀丽的面庞、反映内心世界的甜蜜微笑、简洁飘逸的衣裙以及那精美的佛塔、活灵活现的护法龙、含苞欲放的莲花等，都表现出与传统的北朝造像不同的艺术特色，即以青州为中心的山东北半部的地方特色，我们现在称之为青州特色。

龙兴寺出土佛像弥足珍贵的一点是，这些佛像，绝大多数还有彩绘和贴金的保留，应该说，这为我国佛教考古史上所仅见。这些彩绘，所用颜料均为矿物质的粉末，颜色有：朱砂红、石绿、孔雀蓝、黑色。在北齐佛像袈裟上彩绘的人物故事彩绘前，均用白粉敷地，然后施彩，最后贴金。这之所以珍贵，是因为按照常识，假设这些前代的佛像在北宋时期才被埋葬，历经几百年时间，他们身上的贴金彩绘应该早已褪去了。而直到今天，这些千年以前的佛像仍然散发着动人的光泽和炫目的色彩，这该如何解释呢？

韩小华造弥勒佛像·北魏·永安二年(529)
高55厘米，宽51厘米，厚10厘米
1987年山东省青州市龙兴寺出土

历史、现实和幻化世界的场景
——山东·陕西·河南·四川画像石考古

门楣画像石·东汉

纵37厘米，横168～178厘米

1996年陕西省神木县大保当乡出土

地区 题材类别	山东、江苏	河南南阳	四　川	陕　西
现实生活场面	1、农事 2、手工生产 3、狩猎、捕鱼 4、车骑出行 5、建筑物 6、动物等 7、人物聚会 8、庖厨 9、百戏乐舞格斗杂技 10、鸟兽虫鱼	1、牛耕等农事 2、兵器图 3、狩猎 4、出行图 5、建筑图 6、讲经图 7、百戏 8、百戏 9、门吏 10、宴饮	1、农田耕作 2、兵器图 3、狩猎垂钓 4、出行图 5、建筑物 6、讲经聚会 7、织布酿酒挖盐 8、织布酿酒挖盐 9、宴饮庖厨 10、鸟兽虫鱼	1、耕作 2、放牧 3、狩猎 4、出行 5、蹴击剑 6、六博 9、宴饮
历史人物	帝王将相、圣贤人物、高士列女、孝子等	齐景公、二桃杀三士、战国刺客、鸿门宴	荆轲刺秦、孔子见老子、圣贤人物、列女孝子	
神话传说	伏羲、女娲、东王公、西王母、九尾狐等奇禽瑞兽	伏羲、女娲、东王公、羿射九日、牛郎织女、嫦娥奔月、神荼郁垒、高祖斩蛇	伏羲女娲、西王母、三足乌、九尾猴	东王公、西王母、羽人、应龙、三足乌、月中兔、朱雀玄武、铺首
自然景物	日月星辰山川草木等	金乌、五星连珠、日月齐辉、日月交食、苍龙星座、北斗七星	日月星云	树木山川
装饰图案	线性为主	菱形、三角形、穿环	三角形穿环	卷草、垂幔、穿壁纹

月轮内涂白彩，刻身涂绿彩的蟾蜍　　身涂蓝彩的神鸟　　飞翔在云间的羽人　　正在捣药的玉兔　　灵芝和仙草　　着袍戴胜的西王母　　僮仆　　朱雀在前引路

侍女紧张地相互通报情况　　宫中表演百戏的伎乐无所适从　　秦王着通天冠奋力拔剑　　剑未击中秦王而穿透铜柱

汉画像石主要流行于西汉昭帝时期至东汉末年，主要出土于河南省南阳地区、山东省、江苏省徐州地区、四川省中部和陕西省北部。这些地区在汉代皆是经济兴盛、农业发达的地区。河南南阳地区在当时是全国著名的商业中心，"商遍天下，富冠海内"。山东地区冶铁官所在地占全国总数48处的12处，盐官所在地占全国38处的11处，纺织业更是有西汉朝廷所设的服官；这一地区还有过齐王、鲁王、北海王、任城王、济南王、济北王、东海王、琅琊王等王国。四川的中部平原地区在当时是全国最富庶的地区之一，成都人口有35万之多，是全国最繁荣的城市之一。陕西北部的米脂、绥德、榆林等地，在当时是抵御匈奴的重地之一，屯兵众多，并且是汉与匈奴交流的区域，有大批移民；这也使得当地的画像石墓具有浓郁的北方草原风格。

武梁祠西壁画像·汉
纵184厘米，横140厘米　山东省嘉祥县武氏祠

　　从艺术风格上来说，汉画像石广泛吸收商周(春秋战国)以来玉器、青铜器(包括铜镜)、漆器的优秀传统，创造出画像石的新风格和新技法。而这种唐代颜师古认为的"雕画"，突出反映了中国"事死如事生"的葬仪思想，在讲求"神仙世界"的汉代无疑得到了更为切实的加强。在技法上，画像石一般有阴线法、浅浮雕(含类浅浮雕)、凹雕、高浮雕、透雕等几种。

立柱画像石·东汉(下)
纵116厘米，横33厘米
1996年陕西省神木县大保当乡出土

长冠驭者双手勒缰

羽人骑鹿执幡相随

日轮涂红彩，内有身涂墨彩的金乌

羽人持戟驭龙驾车

四只神鸟奋力牵引

戴通天冠着红袍的车主

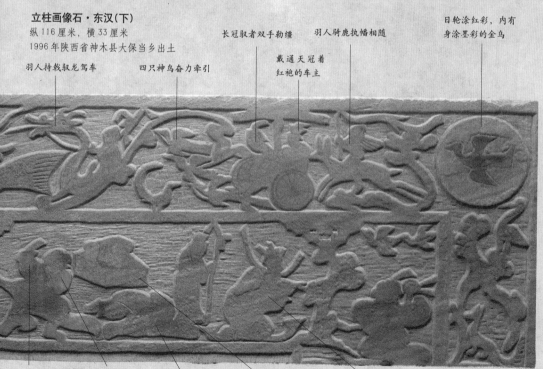

荆轲刺秦王

侍医夏无且情急之下将荆轲拦腰抱住

秦舞阳爬在地上瑟瑟发抖

樊於期的首级已从函内露出

秦宫中的武士手足无措慌忙撤退

辽宁 吉林 黑龙江地区

红山文化女神庙遗址

高句丽遗存

渤海上京龙泉府遗址

中国首次发现的远古神殿
红山文化女神庙遗址

位于辽西凌源和建平两县交接处的牛河梁，是一个非常普通的似乎从来都是默默无闻的小山岗，101国道就从这条山梁上通过，每天都有着数不清的车辆来来往往，载来灿烂的朝晖，运走金色的晚霞。

不经意间发现了女神头像

1983年非常普通的一天，阳光透过云层给青青的草地洒上了一层金黄，一棵棵的松树默默地站在那里，像是在倾诉自己心中久远的期待，辽宁省考古队的考古学家们在这一天来到了这个山梁上。这之前，他们曾在离这里不远的喀左县兴隆庄乡东山嘴发现了20多件5000年前的红褐色陶塑人像残块，按照常识，史前文化遗存从来都不会是孤立存在的，总是彼此相伴，为此他们在周边地区开展了一场文物普查。

天色逐渐暗了下起来，考古队员们掩饰不住内心的失望，开始拾掇随身物品准备下山。一位队员来到旁边的一处冲水沟沟边小解，就在他解手的时候，脚下一块似石头又非石头、似陶片又非陶片的东西引起了他的注意。他弯腰拾起定睛一看，心头不禁一阵狂跳，天哪，这是一件人像雕塑的鼻子！他把这个东西给其他人看，凭着考古家敏锐的眼光，大家立刻断定这是一个无法估量的宝贝。考古家们像寻找金子一样小心翼翼地在附近寻觅，不久找到了耳朵，找到了眼睛，最后竟拼出了一个几乎完整的女神头像。他们轻轻地用双手捧着她，像是捧着一个十世单传的婴儿。虽然当时还无法立刻确认这件文物确切的年代和名称，但考古学家的经验已经在冥冥中昭示着，她是一个具有开创纪元、价值连城的东西。

女神头像·红山文化
高22.5厘米，宽16.5厘米
1989年辽宁省建平县凌源县牛河梁出土

牛河梁4号墓出土玉器

1985年辽宁省建平县凌源县牛河梁出土
这是牛河梁遗址1号冢的第四号石棺的发掘现场情形。在墓主的头部偏下的位置横有青玉箍一件，在胸部置一青一白两件玉猪龙，具有重要考古价值。

玉猪龙·红山文化

高15厘米，厚3.8厘米
1985年辽宁省建平县凌源县牛河梁出土

轰动世界考古界的牛河梁"女神庙"遗址就是在这样一次不经意的解手中被发现的。

一位参加发掘的考古队员后来回忆说，根本无法找到一个恰当的词来表达那时的心情。是欣喜若狂吗？显然不是。当女神像被一点点剥离出来的时候，人们都屏住了呼吸，整个工地悄然无声，只有小铲和小刷子剥离泥土的声音在沙沙响着。当女神头像完全显露出来的时候，摄像师不失时机地把这激动人心的瞬间定格在胶片上。后来，这张照片被题为"五千年后的历史性会面"。照片上，女神坦然而镇定地注视着五千年后的人们，嘴角带着一丝若有若无的微笑。考古队员们忍不住高呼起来，牛河梁万岁！

几年后，牛河梁的考古成果终于被证实了。在1986年7月的那个炎热的夏天，中国的主要新闻传媒——新华社、《人民日报》、《光明日报》、中央电视台、中央人民广播电台等都向世界公布了中国考古界的

又一重大发现。一石激起千层浪，全世界都睁大了眼睛在地图上寻找辽宁西部的朝阳，所有的人都对这块神秘的土地刮目相看。

考古学家根据出土文物初步判断：这是红山文化时期的重大考古发现，5000年前这里曾存在过一个具有国家雏形的原始文明社会。这一重大发现使中华民族文明史提前了1000多年，为夏以前"三皇五帝"的传说找到了实物依据，对我国上古社会发展史、思想史、宗教史、建筑史、美术史的研究将产生重大影响。

然而这仅仅是开始，更为重要的发现还在后面。1984年，经国家文物局批准，考古工作者对女神庙进行了正式发掘。尽管女神庙的出土是人们翘首以待的事情，但当它真的被揭露出来的时候，其建筑遗存的完好程度、整个结构的复杂性还是让人们大吃一惊。

让我们这就走进牛河梁，看一看五千年前的红山先民是怎样用智慧的双手为后人留下一片神秘的辉煌的。

女神庙遗址，看起来非常普通。它由一个多室和一个单室两组建筑构成，多室在北，为主体建筑。单室在南，为附属建筑，半地穴式，总面积近140平方米。庙址出土了大量的建筑构件、泥塑造像和陶制祭器。

再看一看位于梁顶南端斜坡上的积石冢。它们东西排列，共四座，总长110余米。因这种墓葬皆以石灰岩、花岗岩等石块堆砌而成，故称之为"积石冢"。其外形有圆、长方两种，边长或直径可达20米左右，里面出土了玉器和大量的彩陶片。这是何等壮观的一个场面，那积石冢的石块垒得是那样的圆，让你想起我们古代的红山先民掌握和运用了怎样的数学知识。天圆地方，这是中国传统文化里留给我们的模糊的概念，在辽西的朝阳大地第一次找到了最古老而又最清晰的实物验证。北京的天坛不就是这个样子么！15世纪初，中国的明朝皇帝营建北京城时，那个祭天的神圣殿堂，其形状竟同五千年前的红山先民的创作是如此神奇般地巧合。

围绕中华文明起源中心的争论

牛河梁红山文化女神庙是中国首次发现的远古神殿，遗址的文化内涵与宗教遗存的丰富程度都是任何其他遗址所无法比拟的。

它的发现，对中国文明起源的研究有着非同寻常的意义，同时，一场有关中国文明起源的热烈讨论，也因牛河梁遗址的发现而在国内考古界，甚至在世界考古界掀动起来。

现代考古学自20世纪初建立以来，中国学者因为受到以王朝为中心的传统史学的影响，不知不觉间把中原汉族史当成了中国历史的正史，即便面对史前文化时也持此种思维态势。人们习惯性地，而且是毫不怀疑地把中原即黄河流域当成中国文明的起源地，尤其是绚丽夺目的河南仰韶彩陶文化的发现，更是坚定了他们对这一观念的信心。

20世纪70年代以来，一批重要的红山文化遗址如胡头沟墓地、大南沟墓地、三官甸子墓地逐渐被发现并予以披露，诸如C形玉龙等一些精美的玉器的出土，从而使人们坚信这一地区史前文化的重要性。然而这些仅仅是开始，最为重要的发现还是1983年秋季牛河梁女神庙的发现。

牛河梁遗址北望老哈河，与赤峰的西

玉龟·红山文化
长9厘米，宽7.7厘米
1985年辽宁省建平县凌源县牛河梁出土

牛河梁遗址祭坛·红山文化

1985年辽宁省建平县凌源县牛河梁出土
从图中，可以清楚地看到中间三层圆台似的祭坛，与北京的天坛圆丘相似，左边的大墓上积石一层一层迭起，有如后世的王陵，被誉为"东方金字塔"。

泥塑神像·红山文化

残高9.5厘米，肩宽4.1厘米 1989年辽宁省建平县凌源县牛河梁出土。

辽河流域相接，东临大凌河，俯视朝阳、阜新两地，东北通过努鲁尔虎山山谷达教来河、孟克河流域，西部和南部有大凌河通达渤海，并沿着燕山山脉直下华北平原。鉴于以上的地理形势，牛河梁遗址正好处在红山文化分布区四通八达的中心部位，表现出对周围聚落的强大驾驭态势。

祭坛、女神庙、大型方台、金字塔式巨型建筑、特点鲜明的积石冢群以及成组出土的玉质礼器，这一切都似乎说明，五千年前的红山文化已出现了基于原始公社氏族部落制度、又凌驾于公社之上的更高一级的组织形式——早期的城邦制国家。以苏秉琦先生为代表的一批考古学家进而提出，红山文化同中原以及中国其他区域相比，在文明起源史上处于"先走一步"的前导地位。

然而，这种理论并没有说服所有的人，还有一批学者坚持中原才是中华文明的真正起源和中心。他们认为，红山文化还没有进入文明时代，红山文化并不具备文明时代的主要特征，而中原黄河流域才是中华文明的真正起源。

然而无论如何，红山文化在与之同时的中国新石器时代文化中占据了最高的发展水平，这确是一个不争的事实。它不仅引发了学者们对文明起源问题的思考，同时也引发了对炎黄时代古史研究的热潮。

以往，中国典籍一直把中华文明史说成是五千年，但现代考古学建立以来，能够证明文明存在的地下证据只能将中国文明历史上溯到四千年前，而今红山文化的发现证实了我们中华民族的五千年文明史，我国原始文明社会的第一道曙光首先是从这里出现的。至此，我国的灿烂文明史可与埃及金字塔、印度河摩亨觉达罗古文明以及两河流域的文明相媲美。

红山文化墓葬的独特之处，就是只随葬玉器。考古学家在对红山文化已发现的墓葬及随葬品情况做了周密的统计和分析之后，最终得出红山文化具有"惟玉为葬"的特征。红山文化的玉器已具备了夏商周三代文明中"礼"的雏形，考古学家据此进一步提出，"惟玉为葬"的实质其实是"惟玉为礼"，在红山文化中玉器是被作为一种崇高的礼器来使用的。

红山文化中如此大规模地使用玉器，也是有来由的，这与红山文化所在地域的自然资源分布情况有关。红山文化大面积分布于辽西和内蒙古东部的接界地带，这一带盛产玉石，是我国著名的岫玉的故乡。而岫玉在今天仍有大规模的生产，行销海内外，享有盛名，并且是中国国石的最有力竞争者之一。

高超的磨制技术，显得光滑润泽

具有北方少数民族特征的长发、眼与眉

产自辽宁本地的墨绿色玉

两边都有的圆形的头

整个纹饰与南方的良渚文化代表玉器中的人兽纹惊人的一致，并已初步具备了夏商周三代著名的饕餮纹的特征，可以视为这种青铜器纹样的前身。

左右各一的尖利的爪

刻划均匀的5颗牙齿

兽面玉牌饰·红山文化

长28.7厘米　1995年辽宁省建平县凌源县牛河梁出土

墨绿色的玉在中间上部琢出眉眼，下部镂出牙齿，两端为圆头，下部有爪。这是红山文化出土物及传世品中同类器中最大的一件，且已初肯具备了饕餮纹的特征。

高句丽遗存

2004年7月1日，从苏州第28届世界遗产大会现场传来喜讯：中国申报的"高句丽王城、王陵和贵族墓葬"项目成功入选"世界文化遗产"。这次"申遗"成功有着特殊的意义，因为它不仅使我国又增加了一处世界文化遗产，更使得高句丽这个消失已久、又被误解很久的古国，以新的面貌走入了人们的视野。

"好太王碑"的发现

在高兴之余，还是让我们回过头去看看，高句丽遗存当初是怎样被发现的吧。

清光绪三年(1877)，当时桓仁设县，第一任桓仁知事章樾手下有个书启(秘书之类的职务)，名叫关月山。此人喜爱金石之学，有一手传拓技术，公余之暇，喜欢到处寻访古迹。这一天，他来到了桓仁北面的一座荒山中，期望能够有所收获。山道崎岖，关月山一路披荆斩棘，在山中盘桓了半日，还是没有找到古庙、野寺之类。正当他准备放弃之时，在一片蔓草之中，突然显出了石碑的一角。他万分惊喜，连忙拨开蔓草，走到石碑前。拂去碑上泥土，仔细阅读上面的汉

伏羲女娲图·高句丽
1962年吉林省集安市五盔坟四号墓出土

字,从碑文的内容中,他知道了此碑名叫好太王碑。他当时就拓下了数字,后分赠给了喜爱金石的朋友。从此人们争相往拓,好太王碑开始传闻于世。人们这才知道,这一脉山泽水间,竟有过冠盖如云、钟鸣鼎食的繁华岁月,甚至还是多次颇具影响的历史风暴和旋涡的策源地。

好太王碑,其宽1.35~2米,高6.39米,是由整块的角砾凝灰岩制成,为不规则的方形柱状体。该碑立于东晋义熙十年(414),是高句丽长寿王为了纪念其父好太王而立的墓碑,碑文记述了好太王的功绩及守墓的烟户等内容,共计1700余字。历史上,文献资料对高句丽这一民族的记载很少,而这块石碑所载的史实非常翔实,而且源于高句丽政权的鼎盛时期,因此对研究高句丽的政治、军事、文化、制度、传统和它与新罗、百济及日本列岛的关系都有很重要的意义。好太王碑被发现后,立即成为中国、日本、朝鲜等国学者争相研究的对象。

19世纪末20世纪上半叶,正是日本在东北亚大举扩张之时。日本学者利用其特定的条件,对好太王碑展开了集中研究。出于为其军国主义扩张服务的目的,一些学者有意篡改碑文,发表了不符史实的观点。宣称高句丽和日本存在所谓的"密切渊源",更有甚者竟说历史上高句丽曾是日本的属国。后来,还妄图把好太王碑作为所谓证明历史的"信物"运往日本,结果遭到了集安人民的强烈反对,没有得逞。在对好太王碑展开研究的同时,日本学者也把注意力转向了高句丽的其它遗存,他们多次到

莲纹瓦当·高句丽
直径22厘米,厚4.5厘米
1963年吉林省集安市将军坟出土
这种瓦当在5世纪广泛流行于中原各地,是佛教传入中国后的产物。将军坟出土的这类瓦当表明高句丽王国深受中原文化的影响。从瓦当及将军坟顶等距分布的圆形洞可以推知,当年在陵上同样建有与中原地区葬制相同的享堂类的建筑。

我国的辽宁、吉林和朝鲜的平壤地区,调查和发掘了多处高句丽墓葬和城址。

对于我国境内高句丽遗存进行大量而有计划的发掘和研究,还是解放后由我国学者逐步实现的。以下是对高句丽遗存的历次重要考古调查和发掘:

1958年,对集安东台子建筑遗址的发掘,使我们对高句丽的建筑结构和建筑瓦件有了清楚的认识。

1962年,清理了五盔4号、5号和通沟12号壁画墓,其中五盔4号墓的壁画出土时保存得相当完整,色彩非常鲜明艳丽。

1970年,发掘了长川1号壁画墓,壁画中伎乐百戏、山林逐猎场面和拜佛图堪称诸墓壁画之佳作。1972年又发掘了长川2号

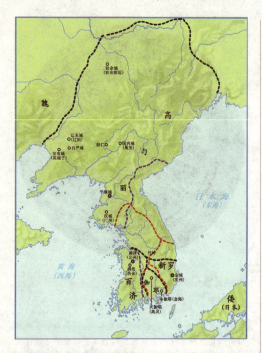

高句丽疆域图

壁画墓。

　　从1975年开始对国内城连续进行发掘，获取了国内城建筑年代和建筑结构的重要资料。

　　从1983年始连续3年对抚顺高尔山城进行了大面积的发掘，发现了高句丽中后期重要建筑遗迹和丰富的陶器、铁器。与此同时，还先后调查了沈阳石台子山城、西丰城子山山城、凤城凤凰山山城，以及大连、岫岩、新宾、开原等地的多处山城。

　　1986年，五女山广播电视台看中了五女山石城的高度，想在这里建一座广播塔，出于清理地基方面的考虑，辽宁省博物馆紧急组织考古队。"从第一铲子挖下去开始，我就感觉一座宝库被打开了。"当时的

考古队领队孙力说。石城的结构，建筑方式的奇特，经历年代的久远和凭借着一位老考古工作者的敏锐，他脑子里形成了一座雄伟皇宫的蓝图。"就这一铲子，再没敢碰第二下。"广播塔不建了，考古队不走了，辽宁省政府规定：除考古外，任何人不准碰一草一木。经过几代考古学家的研究、论证、发掘，16年后，一座有2000多年历史的，影响了整个东亚山城建筑方式的宏伟皇宫渐渐现出了原形，这就是高句丽王城——"东方枫丹白露"。

　　1991年发掘桓仁米仓沟曙军坟，其墓葬形制结构、壁画内容布局、随葬釉陶器的器类和器形，都与集安长川2号墓及其出土的釉陶器相同。

　　1996～1999年对五女山城进行了连续发掘，发现了一批高句丽早期的遗迹遗物，为确定该城为高句丽初期都城提供了重要依据。

　　大批高句丽遗存的先后发掘和研究表明，高句丽历史上曾创造了具有民族特色的文化，但中后期深受中原文化的影响，儒、佛、道盛行；高句丽文化以其坚固的山城、辉煌的古墓壁画为代表，成为华夏文明的重要组成部分。

绵延700年的王国

　　高句丽是我国东北地区一个古老的少数民族，其活动中心在浑江流域和鸭绿江中游地区。汉武帝灭卫氏朝鲜，置乐浪、玄菟、临屯、真番四郡，高句丽属玄菟郡管辖。

公元前37年，朱蒙自立为王，高句丽开始了其一直到668年灭于唐的700多年延续不断的历史。高句丽政权先后以今辽宁省桓仁、吉林省集安和朝鲜平壤为都。

高句丽建国之初，四面皆敌：西面为汉辽东、玄菟二郡，南为乐浪、带方二郡，北面是夫余，东边有沃沮。因此，除了对周边小邦和夫余、沃沮进行吞并、打击外，对中国历代王朝采取了时战时和的态度，但中心是围绕着蚕食、兼并上述四郡进行的。到了东晋南北朝，在好太王和其子长寿王在位的时期，高句丽发展到了鼎盛。好太王，中国古籍中称为高句丽王安，其谥号全称为"国岗上广开土境平安好太王"。在高句丽历史上，广开土王以武功显赫而获得赞颂，在好太王碑碑文中，称他雄伟有奇才，"思泽洽于皇天，威武振被四海"。他即位后，先后打败契丹、百济、夫余，并出兵帮助新罗驱逐了盘据半岛南部的倭人，声威大震。其子长寿王继位后，鉴于北魏已兴，向中原内地进取的可能性不大，遂于427年迁都平壤，致力于向朝鲜半岛南部发展，以打击百济、新罗为主；对中国则以辽河为界，采取守势。到长寿王末年时，高句丽疆域空前扩大，东临日本海，西滨黄海，南到汉江流域，北抵辽河为界，是当时东北亚地区最为强大的王国之一。

当中原再次统一起来后，公元611年（大业七年），隋炀帝下诏征讨高丽，史称全军113万人，号称200万。各军首尾相接，鼓角相闻，旌旗相连竟长达千里。但高句丽以其倔强，击败了隋炀帝大军的进讨。后来，又与唐朝断断续续地进行了二十余年的战争，最后终于在内部分裂、外部大军压境的局面下灭亡。

凤凰山山城·高句丽
周长15千米，墙残高6～8米　辽宁省凤城县凤凰山山城史称乌骨城，是高句丽较晚时期的建筑，为辽东高句丽山城中规模最大的一座。

高句丽山城

由于高句丽所在地区，多大山深谷，而且高句丽政权自始至终攻防战争连年不断，所以分布广、数量多的山城便成为高句丽城址的突出特点。

高句丽的第一座山城，应该首推辽宁省桓仁县的五女山山城，这是它最初立国建都的地方。五女山山城的平面呈靴形，南北长约1500米，东西宽300～500米，总面积近450平方米。山城大部分利用天然悬崖峭壁作为屏障，仅在部分山势稍缓处筑墙封堵。城墙的墙基多以大石叠筑而成，其上压缝砌筑有楔形石，并辟有南、东、西3个城门。城内发现有瞭望台、蓄水池、点将台、大型建筑、兵营式建筑群等遗迹。

高句丽山城，按其形制特征，可以分为典型山城、平山城、关隘、哨卡四种类型。典型山城，是依照山脊的自然走势，在山脊

仙人骑鹤图·高句丽
吉林省集安市高句丽墓出土

之上，或在山脊外部修筑城墙，充分利用了自然天堑。有的段落，甚至就是利用陡峭的山峰为屏障，不加任何修饰和加筑。平山城，顾名思义具有平原城和山城的两种特征，即一座城中，即包括山上部分，又包括平原部分。关隘，是在交通要道上选择险峻峡谷之中，横砌石墙，两端与两侧山腹相接，在其适中部位设门，扼守关口，实有一夫当关、万夫莫开之势。哨卡，是军事上的瞭望警戒设施，一般来说，是在交通要道附近的山顶上，修筑小型城堡，以石砌墙，规模甚小。

典型山城，比如五女山城，城内平时多驻有防御士兵。因此在其城内必有士兵的兵营、仓库、水池、点将台、烽燧等遗迹。有的山城又做过首都，比如五女山城、丸都山城、大圣山城等，类似这样的山城，一般又有宫殿或宗庙建筑。

山城，是高句丽物质文化的典型代表，是高句丽人石造建筑艺术的杰出成就。至今，仍以雄伟壮观的形象雄踞在高山之上。

东方的艺术宝库——高句丽墓室壁画

高句丽在同周边各族人民征战、联姻、交流、融合中不断吸收外来文化，特别是受中原文化的影响，融汇本民族的气质，创造了灿烂的文化。这一点，在高句丽独具特色的墓室壁画中尤其得到鲜明的体现。

高句丽有崇尚厚葬，重视建造坟茔的风俗，许多墓葬内绘有精美的壁画，这被称

舞俑墓·高句丽
吉林省集安市洞沟
舞俑墓出土

聊举一例代表性作品：集安舞俑墓，在主室正壁绘有宴饮场面，主人和宾客相对而坐；右壁绘舞蹈场面，7名歌手站立一行，4名身穿长袖花衣束脚花裤男子和两名身着对襟长裙女子，翩翩起舞，舞姿优美。画面疏密得当，有静有动，是一幅完整描绘当时高句丽贵族宴饮歌舞场面的画卷。李太白有首五言绝句描写的就是这样的场面：

> 金花折风帽，白马小迟回。
> 翩翩舞广袖，似鸟海东来。

这首诗以生动的笔触再现了高句丽人的风情特点。李白能写出如此生动的诗篇，肯定与高句丽人有过接触或交往。唐太宗时征高句丽，一次就将7万高句丽人迁到中原地区。高句丽人内迁后，在较长时期内仍保持其民族习俗，因而能再现于李白的诗笔之下。高句丽壁画是墓室壁画中的佼佼者，无愧于东方艺术宝库的美称。

为壁画墓。壁画墓主要分布在中国集安和朝鲜境内。在吉林省集安境内至今已发现高句丽壁画墓20余座。

高句丽壁画的内容从整体上可分为现实题材和宗教题材两大部分。现实题材主要描绘墓主人生前一些重要生活场景，如墓主人、随从侍仆、车马出行、仪仗人物、门卒属吏、宴饮、狩猎、百戏(舞蹈、奏乐、角抵、跳丸、高跷等)、庖厨、攻城、斩俘等，人们日常生活中瞬息的细节，被画师传神的手笔捕捉于画面上，主题朴素，洋溢着生活情感。

宗教题材主要受原始宗教、中原道教及佛教思想影响，绘有始祖神(伏羲、女娲、神农等)、日月天象、星宿(二十八星宿的首位神青龙、白虎、朱雀、玄武)、伎乐仙人、羽人、蟠龙、神禽、怪兽、佛教中的菩萨、飞天、化生等等。

见证古渤海国的兴衰

渤海上京龙泉府遗址

清朝时,关外宁古塔(今黑龙江省宁安市)成为流放革职官员和大兴文字狱后文人志士的人间地狱,每每令江南人闻之色变。这些流人,有的甚至终至几代也没有回返江南故里,最终成了开发蛮荒东北的鼻祖。当他们在刀耕火种的余隙,随手拨开一丛荒草,赫然发现一个巨大的古城城基和一排焚得黑漆漆的石础时,可以想象他们有多么的惊诧。

上京龙泉府

清初,就是由这批流落雪域边陲的中原文人,发现了黑龙江古渤海国湮没的荒城废墟。这些人中就有江南才子方拱乾、吴兆骞,二人在顺治十四年因科场案被判流戍宁古塔,在这里写出了《绝域记略》、《宁古塔志》等。在他们的笔记上,存在着对这

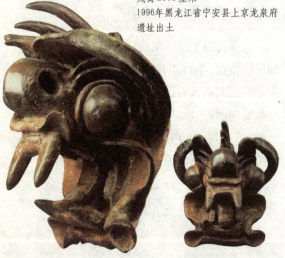

绿琉璃和兽头·唐(渤海国)
残高26.5厘米
1996年黑龙江省宁安县上京龙泉府遗址出土

片废都的推测性文字,有各种说法,但是他们都没有正确指出这是古渤海国的遗迹。

时间无情地流转,转眼到了19世纪,经过众多中国古史学家多方的考证,终于认定17世纪由流人发现的古城即是渤海国上京龙泉府遗址。但是考定归考定,19世纪的中国还没有出现田野考古,是不可能去进行实地挖掘的。

20世纪的钟声敲响了,西方考古学传入了中国,渤海历史的考古研究终于从"宏观"深入到了"微观"的阶段,田野考古的时代开始了。

20世纪头30年,是对渤海遗址进行调查为主的时期,这一时期的调查由日本学者所主导,主要目标是渤海上京龙泉府遗址和三灵坟等。日本学者在军国主义支持和庇护下,积极配合向"满蒙"地区渗透。1894年御用文人九鬼隆一向日本当局献策掠夺中国文化财富。嗣后,日本一些学者相继潜入东北地区进行考古和人类学的调查

研究,如鸟居龙藏、鸟山喜一、关野贞、白鸟库吉、黑板胜美和内藤湖南等等。鸟居龙藏的《东北亚洲搜访记》《满蒙古迹考》和鸟山喜一《渤海上京龙泉府考察记》都记述有渤海遗址。在掠夺中国历史文化财产的过程中,20世纪20年代中成立的日本东亚考古学会发挥了重要作用。

30年代初到1945年8月抗战胜利可划为渤海考古的第二期。特点是进入以发掘为主和调查发掘交替进行的时期。此时期对渤海的发掘仍由日本人主导。东北沦陷后,日本学者的考古调查和发掘基本是步侵略军后尘而至。1933年,以原田淑人、池内宏为首的日本东亚考古学会发掘队在日军刺刀保护下发掘了渤海上京城宫殿遗址。

这在国际考古发掘史上是极为罕见的一例——是时,日本考古队是在日本军队的武装保护下进行发掘的。因为日军曾在上京城宫城南门前(五凤楼前)同抗日军民激战,伤亡惨重,所以日军心有余悸,不得不用刺刀来保护日本考古队的发掘。今上京城五凤楼前的高大水泥标志,就是由为超度这些罪孽深重的亡灵所建"忠魂碑"改制的。

日本全面发动侵华战争后,对东北地区渤海遗迹的掠夺性调查和发掘范围也随之扩大。在日伪统治东北的14年中,凡是日本学者已经掌握或了解的渤海遗迹,基本都被发掘了。

上京龙泉府遗址

如何评价20世纪三四十年代日本学者主持的考古发掘呢？据有关资料和知情者透露，他们的发掘基本上是有什么挖什么。他们是在别国的土地上进行掠夺，受占有心态支配，考古调查发掘是主动掠夺式的，因而发掘必然有很大的随意性，严重地破坏了遗迹。

抗战胜利迄今为第三期。中国由于得天独厚的条件而占据了渤海考古的主导地位，每一次重要发现和研究进展，都对国内外渤海史学界产生重大的影响。1949年8月，在吉林敦化发掘了六顶山渤海墓葬；1958年，在对牡丹江下游地区进行考古调查中，发现渤海墓葬近140座，渤海城址4座，建筑址1处；1961年调查发现了沙兰洋草沟渤海墓群和杏山的渤海砖瓦窑址等；1975年渤海上京城遗址舍利函首次出土；上世纪80年代以来，黑龙江宁安市虹鳟鱼场渤海墓群发掘墓葬数量之多、发现文物之丰富是空前的；吉林和龙县龙水公社龙海大队龙头山发现了贞孝公主墓，发现一方墓志和保存比较好的壁画，这也是上世纪80年代以来渤海考古的最重大发现之一。迄今，在东北地区，主要是黑龙江、吉林两省都已普遍发现有古渤海国的遗存，业已发掘多处。然而渤海遗存最丰富、最集中的地方，还是在最早发现的黑龙江上京龙泉府。

9世纪时渤海国疆域图

渤海国的兴衰

古渤海国是我国北方古老种族之一的靺鞨族建立起来的国家。他们主要生活在长白山、松花江流域，后移居牡丹江一带，在其首领大祚荣的领导下统一各部，于公元698年建立

唐渤海国上京龙泉府
宫殿遗址
黑龙江省宁安县出土

牡丹纹方砖·唐（渤
海国）
长宽39厘米，厚5厘米
1996年黑龙江省宁安县
上京龙泉府遗址出土

渤海国。

公元713年，唐王朝正式承认渤海国为其藩属，册封大祚荣为渤海郡王、忽汗州都督。自此渤海国上与唐朝修好，外联日本、新罗（朝鲜）、契丹，内革旧制，发展生产，很快就强大起来。鼎盛时期其疆域北起黑龙江，南至新罗（朝鲜），西从松花江与嫩江汇合处开始，东到日本海。国内设治五京（上京、东京、南京、西京、中京）、十五府、十二州、一百三十余县，中原时称"海东盛国"。

渤海国共传王位十五世，享国228年。曾五次迁都，而上京龙泉府为都时间最长，达160余年。都城基本仿照唐都长安城模式营建，由外城、内城和宫城组成，面积约16平方公里，为长安城的1/5，是盛唐时代亚洲最大的都市之一。

由于受唐朝高度发达的文化的影响，因此渤海国在其200多年的历史中，无论政治、经济、军事、文化以及宗教和艺术等方面，都有了飞跃的发展。渤海国的文化，一方面继承和发展了本民族的传统文化，另一方面积极向唐朝学习。他们不但派使臣去唐朝抄写《唐礼》、《三国志》、《晋书》、《春秋》等要籍，还多次派员赴唐留学。

渤海亡于契丹。公元926年，契丹耶律阿保机率领铁骑，经过六天六夜的急驰到达上京城。阿保机从东、西、南三面攻城，上京失陷，历时200多年的渤海国就此灭亡，全境纳入契丹人版图。

阿保机在原渤海故地建立了东丹国，上京城则改名为"天福城"，成为东丹国都，并留其长子耶律倍镇守。公元928年，辽太宗耶律德光恐其兄耶律倍生变，开始大规模迁徙渤海国旧民。为了杜绝后患，使渤海人彻底断绝回乡和复仇的念头，契丹人决定火烧京城府邑，"帝王宫阙、公侯宅第，皆

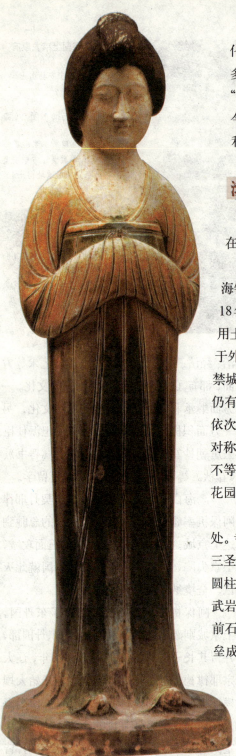

化为榛莽瓦砾"。大火烧了半月有余，渤海国200多年的文明焚于烈焰之中，"海东盛国"只留得"零落荒城对碧流"（清人吴兆骞语）的下场。即使今天，考古工作者在清理遗址时仍发现一些砖瓦和石块被烧粘在一起，可见当时的惨烈。

渤海遗迹

历史上的"海东盛国"虽已消失一千多年，但在上京龙泉府，渤海人的历史遗迹仍清晰可见。

上京龙泉府遗址，位于今黑龙江省宁安县渤海镇。建于公元755年，是渤海三世王大钦茂历时18年而建成，有外城、内城、紫禁城之分。外城墙用土夯成，四面八门，现大部已辟为耕地。内城位于外城内北端，用土与杂石夯成，现仅存1米高。紫禁城位于内城内北端，多为玄武岩建成，现存残墙仍有3米之高，呈长方形。城内五大殿遗址由南至北依次排列，均在一条轴线上，建筑规划严谨，讲求对称艺术。现存各殿石筑台基，高的5米、矮的2米不等。其它台基及隔墙、过廊遗迹清晰规整。东部御花园的水池、假山、亭榭至今能看出轮廓。

龙泉府的兴隆寺遗址，位于渤海镇西南0.5公里处。寺内有马殿、关圣殿、四大天王殿、大雄宝殿和三圣殿五层正殿。各殿均用青砖玄武岩混合建成，木圆柱、简青瓦、雕刻、彩绘交相辉映，气势大度。玄武岩围墙南北长110多米，东西宽50多米。三圣殿前石灯塔是渤海国重要遗物之一，高6米，由12节垒成，下是莲花座，中是莲花盘，上是八角穿灯台

三彩女俑·唐
通高41厘米
1998年吉林省和龙市龙头山出土

及塔盖，玄武岩雕凿，粗犷浑厚，是渤海国典型艺术风格的代表作。

三灵坟，位于离渤海镇不远的三灵乡三星村土丘上。灵园遗址南北长200多米，东西宽130多米，中间一道隔墙把灵园分为南北两区，南为敬区，北为灵（陵）区。1991年10月，在灵区发掘了一座渤海国大型石室壁画墓，被列为当年全国十大考古发现之一。壁画绘在墓室的四壁，顶部及甬道两侧的石灰层上。内容以花卉、人物为主。花卉为二方连续团花，图案美观色泽艳丽；人物则多为女性，面部丰腴颇有唐风；甬道南

端两侧人物多为武士，造型生动传神，技法高超。

窥斑见豹足可品味，从以上遗址完全可以看出当年渤海国的盛况。

石螭首·唐
高64厘米
黑龙江省宁安县上京
龙泉府遗址

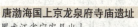

唐渤海国上京龙泉府寺庙遗址
黑龙江省宁安县出土

1. 北京周口店遗址及北京人与山顶洞人
2. 云南元谋人的发现
3. 陕西蓝田人的发现
4. 辽宁营口金牛山遗址及金牛山人
5. 广东曲江马坝人
6. 河北阳原泥河湾旧石器时代遗址群
7. 山西襄汾丁村旧石器时代遗址
8. 江西万年仙人洞与吊桶环新石器时代早期遗址
9. 湖南道县玉蟾岩新石器时代遗址
10. 河南新郑裴李岗新石器时代遗址
11. 河南舞阳贾湖新石器时代遗址
12. 内蒙古敖汉旗兴隆洼新石器时代遗址
13. 甘肃秦安大地湾新石器时代遗址
14. 河南渑池仰韶新石器时代遗址
15. 陕西西安半坡新石器时代遗址
16. 陕西临潼姜寨新石器时代遗址
17. 河南安阳后冈三叠层的发现
18. 河南陕县庙底沟新石器时代遗址
19. 山东泰安大汶口新石器时代遗址
20. 浙江余姚河姆渡新石器时代遗址
21. 重庆巫山大溪新石器时代遗址
22. 湖南澧县城头山新石器时代遗址
23. 湖北京山屈家岭新石器时代遗址
24. 上海青浦崧泽新石器时代遗址
25. 甘肃临洮马家窑新石器时代遗址
26. 青海乐都柳湾新石器时代至青铜时代墓地
27. 辽宁凌源——建平牛河梁遗址群
28. 山东章丘龙山镇城子崖遗址
29. 浙江余杭良渚文化遗址群
30. 湖北天门石家河新石器时代遗址群
31. 山西襄汾陶寺龙山文化遗址
32. 河南登封王城岗龙山文化遗址
33. 甘肃广河齐家坪遗址
34. 西藏昌都卡若新石器时代遗址
35. 广东曲江石峡新石器时代遗址
36. 香港马湾岛东湾仔北新石器时代遗址
37. 台湾台北圆山新石器时代遗址
38. 河南偃师二里头遗址
39. 山西夏县东下冯二里头文化遗址
40. 内蒙古赤峰夏家店青铜时代遗址
41. 内蒙古敖汉旗大甸子夏家店下层文化遗址
42. 河南偃师商城遗址
43. 河南郑州商城遗址
44. 湖北黄陂盘龙城商代遗址
45. 河南安阳殷墟商代晚期青铜文化遗址
46. 江西清江吴城商时期青铜文化遗址
47. 江西新干商代大墓
48. 四川广汉三星堆商时期祭祀器物坑
49. 陕西周原先周及西周遗址

中国 20 世纪考古年表

1900 年 瑞典人斯文·赫定发掘新疆罗布淖尔古楼兰遗址。5 月，敦煌莫高窟藏经洞发现大量写本文书和其他文物。

1901 年 英籍学者斯坦因发掘新疆尼雅遗址和丹丹乌里克佛寺遗址。

1906 年 斯坦因第二次进入新疆发掘楼兰、米兰遗址，并从敦煌藏经洞骗取大量写本文书和其他文物。

1921 年 8 月，北洋政府聘任的瑞典地质学家安特生等在北京周口店考察，发现"北京猿人"遗址。秋，安特生首次发掘河南仰韶遗址。

1927 年 北京协和医学院与中国地质调查所合作，开始对周口店遗址进行发掘。

1928 年 春，吴金鼎发现山东龙山镇城子崖遗址。8 月，董作宾前往安阳殷墟调查，于 10 月 7 日起在小屯村进行殷墟第一次发掘。

1933 年 裴文中教授继续主持周口店遗址发掘，发现比北京人年代更早的周口店第 13 地点和山顶洞人遗址。

1935 年 日本东亚考古学会发掘赤峰红山后遗址，红山文化被首次定名。

1936 年 10~11 月，贾兰坡主持周口店遗址发掘，又发现 3 个北京人头骨化石。

1942 年 吴金鼎主持发掘成都五代前蜀王建墓。日本人原田淑人发掘山东曲阜汉鲁灵光殿遗址。

1950 年 4 月，中国科学院派出由郭宝均率领的发掘团发掘河南安阳武官村大墓和祭祀坑。

1952 年 山西省文管会发掘春秋侯马晋国故城遗址。

1953 年 11 月，台湾大学考古人类学系发掘台北圆山贝丘遗址。陕西西安市发现新石器时代半坡遗址。

1954 年 9 月，贾兰坡主持开始发掘山西襄汾县丁村旧石器时代遗址。冬，湖北省文管会发现屈家岭遗址。福建省发现闽侯县昙石山遗址。山东沂南县北寨村发现一座大型画像石墓。

1955 年 3 月，云南省博物馆发掘晋宁石寨山滇王室墓葬。秋，安金槐主持在郑州白家庄发掘商代夯土城墙。

1956 年 5 月，夏鼐主持发掘明定陵。9 月，安志敏主持发掘河南陕县庙底沟遗址。

1958 年 春，中国科学院考古研究所重新组建安阳工作队对殷墟进行长期发掘。8 月，发掘陕西宝鸡北首岭遗址。9 月，广西柳江县通天岩洞穴中发现晚期智人化石。河北省文物队发掘邯郸观台窑址。

1959 年 春，发掘后冈、大司空村的新石器时代遗址，以及殷墟商代铸铜遗址。山西侯马发现金代董氏砖雕墓。

1960 年 8 月，陕西省文管会发掘唐永泰公主墓。

1962 年 吉林省博物馆勘察集安县洞沟高句丽墓群，并发掘几座高句丽墓。

1963 年 南京博物院发掘江苏邳县大墩子遗址。云南省博物馆发掘昭通县霍承嗣墓。

1964 年 元大都考古队进行元大都遗址的勘察和发掘。

1965 年 1 月，江苏南京象山发现东晋琅琊王氏族墓群，发掘咸康七年(341)王兴之夫妇墓。

1966 年 周口店北京猿人遗址发现一头盖骨断片，与 1934 年出土的 5 号头盖骨碎片拼接成完整的中年男性头盖骨。

1968 年 6 月，中国科学考古研究所等发掘满城中山靖王刘胜与其妻窦绾墓。

1969 年 10 月，甘肃省博物馆清理武威县雷台东汉墓，出土"马踏飞燕"等青铜文物。

1970 年 10 月，陕西西安南郊何家村发现唐代金银器窖藏。

1971 年 1 月，河南省博物馆、洛阳市博物馆对隋唐东都城内含嘉仓进行发掘。7 月，陕西省文管会等单位发掘唐尉迟敬德墓、章怀太子墓和懿德太子墓。河南省博物馆发掘淅川下王岗遗址。

1972 年 4 月，山东省博物馆发掘临沂县银雀山汉墓。甘肃省博物馆展开额济纳河流域汉代烽燧遗址的勘察，并发掘破城子的甲渠侯官、甲渠第四燧和户水金关遗址，新获木简 23000 余支。

1973 年 秋，小屯南地发现 7000 多片卜骨和卜甲，其中有刻辞的甲骨 5041 片。陕西省文管会在三原县发掘唐李寿墓。

1974 年 3 月，陕西省文管会开始对秦始皇陵陵区进行全面复查，发掘兵马俑坑。

1975 年 12 月，湖北省博物馆发掘云梦县睡虎地秦汉墓。河北省磁县发现北齐高润墓。

1976 年 山西省文物工作委员会等单位在大同方山发掘北魏太皇太后冯氏永固陵。

1977 年 春，开封地区文管会、郑州大学考古专业发掘裴李岗遗址。陕西省文管会勘察凤翔县秦公陵园，发掘秦公 1 号大墓。

1978 年 山西临汾地区发现襄汾陶寺遗址。5 月，湖北省博物馆等单位发掘随县擂鼓墩曾侯乙墓。河南省博物馆文物队等单位发掘淅川县下寺楚墓群。河北省磁县发现东魏茹茹公主墓。

1979 年 春，中国社会科学院考古研究所洛阳队发掘北魏永宁寺塔基址。中国社会科学院考古研究所新疆队在昌吉州对吉木萨尔佛寺遗址进行发掘。

1980 年 陕西省文物考古研究所秦俑考古队在秦始皇陵西侧发现两乘铜车马。

1981 年　春，开始大规模发掘北京琉璃河西周墓地。

1982 年　10～11 月，南京博物院发掘江苏武进寺墩良渚文化墓葬。

1983 年　4～5 月，河南偃师发现偃师商城。6～11 月，青海省文物考古队发掘都兰县热水镇吐蕃贵族墓葬。
　　　　8 月，广州市文管会、中国社会科学院考古研究所等合作，发掘广州象岗山南越王墓。9 月，凌源、
　　　　建平两县交界处牛河梁发现红山文化遗址。

1984 年　5～8 月，安徽省文物考古研究所等单位发掘马鞍山东吴朱然墓。11～12 月，广西壮族自治区文物工
　　　　作队等单位发掘合浦县汉墓。12 月，江苏省徐州市博物馆发掘徐州市狮子山汉兵马俑坑。内蒙古文
　　　　物工作队自 1983 年以来，连续发掘额济纳旗黑城遗址。

1985 年　3～5 月，山东省滕县发现前掌大商代墓地。7～9 月，宁夏回族自治区博物馆发掘同心县倒墩子汉代
　　　　匈奴墓群。四川省巫山县龙骨坡发现旧石器早期洞穴遗址。

1986 年　7～9 月，四川省广汉县三星堆商周两座祭祀坑被发现。9～12 月，江苏省徐州市博物馆发掘徐州市
　　　　北洞山西汉楚王陵。内蒙古自治区哲里木盟奈曼旗青龙山发现辽陈国公主与驸马合葬墓。

1987 年　2～11 月，陕西省扶风县法门寺塔基地宫出土众多唐代王室文物。4～6 月，中国社会科学院考古研
　　　　究所河北队与河北省文物研究所合作，在磁县湾漳发掘北朝大墓。5～6 月，浙江省文物研究所发掘
　　　　余杭县瑶山良渚文化祭坛墓地。7～12 月，河南省文物研究所首次发掘宝丰县清凉寺汝官窑址。
　　　　8 月，新疆文物考古研究所在呼图壁县康家石门子发现大型岩刻画。

1988 年　11～12 月，湖南省文物考古研究所发掘澧县彭头山新石器时代遗址。台湾大学人类学系在台东县卑
　　　　南发掘史前石板棺墓葬。太原市金胜村发现 600 多座春秋古墓，其中一座为晋国赵卿大墓。

1989 年　江西省文物工作队于 1988 年在瑞昌县铜岭发现商周铜矿开采遗址。

1990 年　5 月，陕西省考古研究所在咸阳张家湾发掘西汉阳陵大型随葬陶俑坑。7～9 月，宁夏贺兰县宏佛塔
　　　　天宫中发现数十件彩塑佛像件和西夏文木质雕版残块及彩画残片等文物。9 月，北京市文物研究所
　　　　发掘金中都水关遗址。11 月，甘肃省文物考古研究所在河西走廊发掘西汉 "敦煌郡效谷悬泉置" 遗址。

1991 年　5～10 月，辽宁省文物考古研究所等单位发掘桓仁县米仓沟高句丽壁画大墓。6 月，浙江省文物考古
　　　　研究所发掘余杭县汇观山良渚文化祭坛墓地。9～10 月，黑龙江省文物考古研究所在宁安县三陵乡
　　　　首次发掘一座渤海国大型石室壁画墓。9～10 月，河南省安阳市花园村东地出土甲骨 1583 片，其中
　　　　刻辞甲骨 579 片。12 月，云南省文物考古研究所发掘江川县李家山滇文化墓葬 58 座。河南省文物
　　　　研究所自 1990 年以来，在淅川县丹江口库区内发掘春秋战国楚墓 50 余座。河南省商丘地区文物工
　　　　作队自 1987 年以来，连续在永城县芒山镇汉梁国王陵区内发掘，清理梁孝王大型石室王陵。在柿园
　　　　汉墓内发现已知汉代级别最高的壁画。

1992 年　9～10 月，内蒙古自治区阿鲁科尔沁旗发现辽代早期耶律羽之墓。

1993 年　3 月，河北省文物研究所等单位再次发掘张家口市宣化区下八里村辽壁画墓。

1994 年　9～10 月，内蒙古阿鲁科尔沁旗宝山发现 2 座辽代早期契丹族墓。其中 1 号墓为辽 "大少君" 之子勤德。

1995 年　1～6 月，陕西省考古研究所等单位在礼泉县东坪村，发掘唐昭陵陪葬墓之一新城公主墓。2～12 月，
　　　　陕西省考古研究所等单位发掘唐李重俊墓。3 月，南京博物院、徐州汉兵马俑博物馆发掘徐州狮子
　　　　山西汉楚王陵。3～7 月，四川省绵阳市双包山发现两座汉墓。11 月，新疆文物考古研究所发掘尉犁
　　　　县营盘汉晋墓地。

1996 年　5～10 月，辽宁省文物考古研究所发掘位于桓仁县的五女山山城。7～10 月，内蒙古赤峰发现夏家店下
　　　　层文化遗址。9～11 月，湖南省长沙走马楼 22 号古井发现十多万枚三国吴纪年简牍。

1997 年　3 月，中国社会科学院考古研究所丰镐队配合 "夏商周断代工程" 中 "丰镐遗址的分期断代" 课题。

1998 年　7～11 月，辽宁省文物考古研究所牛河梁工作站第二次发掘牛河梁红山文化遗址第 5 地点。秦始皇
　　　　陵园发现 11 座陪葬坑，发掘百戏陶俑陪葬坑。陕西省文物考古研究所等单位发掘神木县大保当画像石墓。

1999 年　2～3 月，四川省泸州市泸州大曲老窖池清理出晚唐至元初古窑址。3～4 月，成都市文物考古研究
　　　　所、四川省文物考古研究所、四川省博物馆发掘成都市水井街明清时期酒坊遗址。7 月，山西省考
　　　　古研究所、太原市文物局、晋源区文物局联合发掘隋代虞弘墓。

2000 年　9～10 月，贵州省赫章县可乐乡发现战国秦汉夜郎墓葬 80 座。9～10 月，内蒙古额济纳旗居延遗址
　　　　又发现简牍 300 余枚。广东省文物考古研究所在罗县横岭山、沙岭山、岭嘴头等地，发掘周代墓葬
　　　　300 多座。

中国古代文物图例

1.铜(xuān)

2.卣(yǒu)

3.舟

4.洗

5.囷(qūn)

6.盉(hé)

7.盘

8.案

9.匜(yí)

10.鬲(lì)

11.罍(léi)·罐

12.簠(fǔ)

13.鉴

14.尊

15.尊

16.簋(guǐ)

17.盂

22.豆

18.敦

23.斝(jiǎ)

19.博山炉

20.扁壶

21.壶

23.斝(jiǎ)

24.觥(gōng)

25.釜

26.钫(fāng)

27.镤

28. 盨(xǔ)

35. 钟

29. 爵

30. 镳(jiǎo)斗

31. 奁(lián)

32. 灯

33. 耳杯

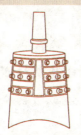

36. 镈(bó)

37. 錞(chún)于

38. 铙

34. 盒

39. 钲(zhēng)

40. 浴缶(fǒu)

41. 瓿(bù)

42. 甗(yǎn)

43. 甗(yǎn)

44. 方彝

45. 罐

46. 钟

47. 廪(lǐn)

48. 仓

49. 壶(hú)

50. 觚(gū)

51. 方鼎

52. 鼎

53. 簋(guǐ)

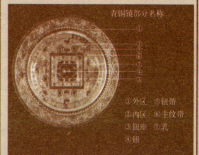

青铜镜部分名称

① 外区　⑤ 钮带
② 内区　⑥ 主纹带
③ 钮座　⑦ 孔
④ 钮

参考书目

《北朝石刻艺术》	张鸿修编著　陕西人民美术出版社		1993年
《北史》	中华书局		1976年
《长沙马王堆2·3号汉墓发掘简报》	湖南省博物馆·中国科学院考古学研究所	《文物》	1974-7
《长沙马王堆1号汉墓〈出土纺织品的研究〉》	上海市纺织科学研究院　文物出版社		1980年
《长沙马王堆1号汉墓》	湖南省博物馆·中国科学院考古研究所编　文物出版社		1973年
《陈书》	中华书局		1976年
《楚辞选》	马茂元选注　人民文学出版社		2002年
《楚国的矿冶髹漆和玻璃制造》	后德俊　湖北教育出版社1995年		
《敦煌莫高窟史研究》	谢稚柳　马德　甘肃教育出版社		1996年
《敦煌石窟艺术论集》	段文杰　甘肃人民出版社1988年		
《敦煌石窟艺术莫高窟》	敦煌研究院·江苏美术出版社编　江苏美术出版社		1993-1995年
《敦煌学大辞典》	季羡林编　上海辞书出版社		1995年
《敦煌艺术叙录》	谢稚柳　上海古籍出版社1996年		
《法门寺地宫珍宝》	法门寺考古队　陕西人民美术出版社		1996年
《古神话选释》	袁珂辑　人民文学出版社1985年		
《故宫博物院历代艺术馆陈列品图目》	故宫博物院陈列部编　文物出版社		1992年
《故宫藏镜》	许玉海　紫禁城出版社		1996年
《海内外唐代金银器萃编》	韩伟编　三秦出版社		1989年
《汉代玉器》	夏鼐　《考古学报》		1983-2
《汉景帝阳陵南区从葬坑发掘第2号简报》	陕西省考古研究所考古队　《文物》		1994-6
《汉书》	中华书局		1976年
《汉唐丝绸之路文物精华》	汉唐丝绸之路文物精华编委会编　龙(香港)出版有限公司		1990年
《汉元帝渭陵调查记》	李宏涛·王丕忠　《考古与文物》创刊号		1980年
《后汉书》	中华书局		1976年
《湖北出土战国秦汉漆器》	湖北省博物馆·香港中文大学大学文物馆		1994年
《江苏六朝青瓷》	南京博物馆　文物出版社1980年		
《金史》	中华书局		1976年
《晋书》	中华书局		1976年
《旧唐书》	中华书局		1976年
《旧五代史》	中华书局		1976年
《老子本原》	黄瑞云校注　人民文学出版社		1995年
《历代铜镜纹饰》	河北文物研究所编　河北美术出版社		1996年
《梁书》	中华书局		1976年
《辽史》	中华书局		1976年
《临沂银雀山西汉墓漆器铭文考释》	蒋英炬　《考古》		1975-8
《六朝艺术》	林树中·马鸿增　江苏美术出版社		1996年
《论语通译》	徐志刚译　人民文学出版社		2003年
《洛阳出土铜镜》	洛阳博物馆编　文物出版社		1988年
《洛阳唐三彩》	洛阳博物馆编　文物出版社		1980年
《马王堆汉墓帛书五行篇研究》	池田知久　汲古书院		1993年
《马王堆汉墓文物》	傅举有·陈松长编著　湖南出版社		1992年
《满城汉墓发掘报告》	中国科学院考古研究所·河北省文物管理处　文物出版社		1980年
《孟子选注》	李炳英选注　人民文学出版社		2003年
《明史》	中华书局		1976年
《南齐书》	中华书局		1976年
《南史》	中华书局		1976年

《南阳汉代画像砖》　　　　　　　赵成甫编　文物出版社　　　　　　　　　　　　　　　1990年
《秦都咸阳》　　　　　　　　　　王学理　陕西人民出版社1985年
《秦汉金文汇编》　　　　　　　　孙慰祖·徐谷傅　上海书店出版社　　　　　　　　　　1997年
《秦始皇帝评传》　　　　　　　　张文立　陕西人民教育出版社　　　　　　　　　　　　1996年
《秦始皇陵兵马俑坑1号坑发掘报告 1974-1984》　陕西省考古研究所·始皇陵俑坑考古发掘队编　文物出版社　1988年
《秦始皇陵研究》　　　　　　　　王学理　上海人民出版社1994年
《清史稿》　　　　　　　　　　　中华书局　　　　　　　　　　　　　　　　　　　　1976年
《全国出土文物珍品选 1976~1984》　文化部文物局·故宫博物院编　文物出版社　　　1987年
《三国志》　　　　　　　　　　　中华书局　　　　　　　　　　　　　　　　　　　　1976年
《山东临沂金雀山九号汉墓发掘简报》　临沂金雀山汉墓发掘组　《文物》　　　　　　　1977—11
《山东临沂金雀山周氏墓群发掘简报》　临沂市博物馆　《文物》　　　　　　　　　　　1984—11
《陕西省出土唐俑选集》　　　　　陕西省文物管理委员会编　文物出版社　　　　　　　1958年
《陕西铜川耀州窑》　　　　　　　中国科学院考古研究所编著　科学出版社　　　　　　1965年
《陕西新出土文物集萃》　　　　　陕西省考古研究所·西安市文物管理处编　陕西旅游出版社　1993年
《陕西珍贵文物》　　　　　　　　张廷皓·尹盛平　陕西人民出版社　　　　　　　　　1992年
《诗经选注》　　　　　　　　　　余冠英选注　人民文学出版社　　　　　　　　　　　1999年
《史记》　　　　　　　　　　　　中华书局　　　　　　　　　　　　　　　　　　　　1976年
《史前期中国社会研究》　　　　　三联书店　　　　　　　　　　　　　　　　　　　　1962年
《四川邛峡唐代龙兴寺石刻》　　　冯国定等　中国古典艺术出版社　　　　　　　　　　1995年
《宋史》　　　　　　　　　　　　中华书局　　　　　　　　　　　　　　　　　　　　1976年
《宋书》　　　　　　　　　　　　中华书局　　　　　　　　　　　　　　　　　　　　1976年
《隋墓志选粹》　　　　　　　　　湖北美术出版社　　　　　　　　　　　　　　　　　2001年
《隋书》　　　　　　　　　　　　中华书局　　　　　　　　　　　　　　　　　　　　1976年
《隋唐考古》　　　　　　　　　　秦浩　南京大学出版社　　　　　　　　　　　　　　1992年
《唐代长安与西域文明》　　　　　向达编　三联书店　　　　　　　　　　　　　　　　1957年
《唐代雕塑选集》　　　　　　　　王子云编　朝花美术出版社　　　　　　　　　　　　1995年
《唐代金银器》　　　　　　　　　陕西省博物馆编·镇江市博物馆编　文物出版社　　　1985年
《唐墓壁画集锦》　　　　　　　　张鸿修编　陕西人民出版社　　　　　　　　　　　　1991年
《唐墓壁画真品选粹》　　　　　　陕西历史博物馆编　陕西人民美术出版社　　　　　　1991年
《铜镜鉴赏》　　　　　　　　　　程长新·程端秀　北京燕山出版社　　　　　　　　　1989年
《魏书》　　　　　　　　　　　　中华书局　　　　　　　　　　　　　　　　　　　　1976年
《武威雷台汉墓》　　　　　　　　甘肃省博物馆　《考古学报》　　　　　　　　　　　1974—2
《西安碑林书法艺术》　　　　　　陕西人民出版社　　　　　　　　　　　　　　　　　1989年
《西安隋唐墓葬的形制》　　　　　孙秉根　科学出版社　　　　　　　　　　　　　　　1986年
《西汉帛画》　　　　　　　　　　文物出版社编　文物出版社　　　　　　　　　　　　1972年
《新疆维吾尔自治区丝路考古珍品》　上海译文出版社　　　　　　　　　　　　　　　1998年
《新唐书》　　　　　　　　　　　中华书局　　　　　　　　　　　　　　　　　　　　1976年
《新五代史》　　　　　　　　　　中华书局　　　　　　　　　　　　　　　　　　　　1976年
《新元史》　　　　　　　　　　　中华书局　　　　　　　　　　　　　　　　　　　　1976年
《艺术的起源》　　　　　　　　　中国社会科学出版社　　　　　　　　　　　　　　　1982年
《元史》　　　　　　　　　　　　中华书局　　　　　　　　　　　　　　　　　　　　1976年
《原始宗教》　　　　　　　　　　上海人民出版社　　　　　　　　　　　　　　　　　1964年
《再论两汉的玉衣》　　　　　　　庐兆荫　《文物》　　　　　　　　　　　　　　　　1989—10
《浙江出土铜镜》　　　　　　　　王士伦编　文物出版社　　　　　　　　　　　　　　1987年

图书在版编目（CIP）数据

话说中国. 考古 / 翟文明编著. —北京：北京联合出版公司，2012.6
（2017.7 重印）

ISBN 978-7-5502-0778-3

Ⅰ. ①话… Ⅱ. ①翟… Ⅲ. ①科学知识—普及读物 ②考古发现—中国—通俗
读物 Ⅳ. ① Z228 ② K87-49

中国版本图书馆 CIP 数据核字（2012）第 128510 号

话说中国. 考古

编　　著：翟文明

责任编辑：孙志文

封面设计：王　栋

北京联合出版公司出版

（北京市西城区德外大街 83 号楼 9 层　100088）

永清县晔盛亚胶印有限公司印刷　新华书店经销

字数 250 千字　　710mm x 1000mm　1/16　　12 印张

2012 年 7 月第 1 版　2017 年 7 月第 2 次印刷

ISBN 978-7-5502-0778-3

定　　价：49.80 元